세상을 묻는 너에게

생각하는 시민을 위한 정치우화

세상을 묻는 너에게

두더지 부녀의 자본주의 역사 이야기

유범상 지음 | 유기훈 그림

마북

자본

자본가

정치가

자본가의 이론가

노동자의 이론가

노동자

마을 지도

울렌타운

이매진빌리지

부르그빌리지

서쪽 숲

마우스랜드

베드타운

동쪽 숲

피노키오랜드

로빈슨 섬

차례

세상을 묻는 너에게

어리석은 쥐의 비극

어느 울창한 숲에 저녁이 찾아오고 있었다. 구석진
곳의 땅이 들썩들썩 움직이더니, 갈고리 모양의 손이
쑥 올라왔다. 곧 까만 생물체가 빠끔 머리를 내밀었다.
두더지였다. 두더지는 두리번두리번 주변을 살핀 후,
아래를 향해 고개를 끄덕였다. 이내 작은 몸집의 또 다른
두더지가 나타났다
작은 두더지가 몸을 푸르르 털자 잔뜩 묻어 있던 흙이
사라지고, 검정색 털옷을 입은 두더지의 제 모습이
드러났다. 그런 딸 '로즈'를 두더지 아빠 '밥'은 따뜻한
눈으로 바라보았다.

"자, 우리 자리로 가자."

밥의 말에 로즈는 익숙한 몸짓으로 아빠의 뒤를 따랐다.

얼마 가지 않아 둘은 긴 통나무 앞에 멈춰 섰다. 벼락에
맞아 쓰러진 나무였다. 밥이 통나무 앞의 깊이 패인 골에
들어가서 앉자, 로즈도 그 옆에 나란히 자리를 잡았다.
밥과 로즈가 '우리 자리'라고 부르는 그곳은 마치 요새처럼
감쪽같이 부녀를 숨겨 주었다.

저 멀리 해가 붉은 빛을 온 천지에 내뿜으며 마지막
존재감을 드러내고 있었다. 사실 로즈는 매일 보는
이 풍경에는 그다지 관심이 없었다. 하지만 해가 완전히
넘어갈 때까지 기다려야 한다. 이 풍경을 즐기시는 아빠의
시간을 존중하기 위해서다. 어쩌면 이 시간에 아빠는
자신에게 들려줄 이야기를 정리하고 계실지도 모른다.
드디어 해가 완전히 모습을 감추었다.

"로즈야, 오늘은 어리석은 쥐들에 대해 이야기해 줄게."
"재미있겠네요. 빨리 해 주세요!"

밥은 로즈의 재촉에 빙긋이 웃었다. 그러고는 늘 그랬듯이
천천히 로즈를 이야기 속으로 데려갔다.

'마우스랜드'라는 제법 큰 마을이 있었다. 마을 이름에서
알 수 있듯이 마을 주민의 대다수가 쥐들이었지만,
통치자는 늘 고양이였다.

쥐들은 자기들보다 똑똑하고 힘이 센 고양이가 통치자가
되어야 한다고 생각했다. 그래서 고양이를 자신들의 대표로
뽑았다. 하지만 대표가 된 고양이는 쥐들에게 불리한 법안만
잔뜩 만들어 냈다.

'시속 10km 이상 달리는 쥐는 징역 6개월에 처한다.'
'쥐구멍을 직경 30cm 이하로 파면 징역 1년에 처한다.'

이 법안들은 고양이가 쥐를 잘 잡을 수 있도록 하기
위해 만들어진 것이다. 마우스랜드의 쥐들은 점점 살기
힘들어졌다. 그래서 주기적으로 실시되는 선거에서 매번
새로운 후보를 대표로 뽑았다. 흰 고양이, 검은 고양이,
누런 고양이, 얼룩 고양이…. 그러나 어떤 고양이가
통치자가 되든 쥐들의 삶은 전혀 나아지지 않았다.
그럴 때마다 쥐들은 배신감에 치를 떨었다.

그러던 어느 날 머리에 띠를 두른 쥐 부부가 마우스랜드에
나타났다.

"왜 우리는 우리와 같은 쥐를 대표로 뽑지 않는 거죠?"

띠쥐 부부의 말에 쥐들은 충격을 받았다. 삼삼오오 모여
이에 대해 이야기를 나누기 시작하더니 결국 온 마을이
술렁거렸다. 상황이 심상치 않게 변하자 고양이 정부는
특단의 대책이 필요하다고 생각했다. 그래서 비밀 창고에
감춰 뒀던 식량을 쥐들에게 나누어 주기로 결정했다.

"역시 고양이 정부는 달라."

쥐들은 식량을 나눠 주는 고양이 정부에 고마워하며 이들을 다시 평가했다. 분노의 감정은 금세 사그라들었고, 마을은 평온을 되찾았다.
다시 선거철이 돌아왔다. 띠쥐 부부는 고양이의 당근에 속지 말고, 이제야말로 쥐를 대표로 뽑을 기회라고 주장했다.

이때까지 귀를 쫑긋거리며 이야기를 듣던 로즈가 신나서 외쳤다.

"멋져요, 띠쥐 부부!"
"응, 띠쥐 부부는 늘 함께 토론하고 공부를 했기 때문에 현명했단다."
"그럼 이제 쥐들의 정부가 들어섰겠네요."
"과연 그럴까? 이야기를 더 들어 봐."

쥐들은 띠쥐 부부를 보면서 수군거렸다.

"저 부부의 저의가 뭘까?"
"왜 머리에 띠를 두르고 그래? 우리와 뭔가 다르지 않아?"

그때 군중들 사이에서 누군가가 띠쥐 부부를 가리키며
소리쳤다.

"빨갱이가 나타났다. 잡아라!"

이제 어느 누구도 띠쥐 부부의 말에 귀를 기울이지 않았다.
띠쥐 부부는 절망했다.
어느 날부터 마을에서는 더 이상 띠쥐 부부의 모습을
볼 수 없었다. 고양이의 보복을 피해 서쪽 숲으로 도망쳤기
때문이다.

밥의 이야기가 끝났다. 그런데 로즈가 아무런 반응도
보이지 않았다. 이상하다고 생각한 밥이 돌아보니,
로즈는 발을 잔뜩 움츠린 채 입을 꼭 다물고 있었다.
화가 났을 때 보이는 행동이다. 그때였다.

"쉿!"

갑자기 밥이 로즈의 손을 잡고 나무 밑 굴속으로 냅다
뛰었다. 로즈는 아빠의 행동으로 미루어 천적인 올빼미가
나타났다는 것을 알았다. 하지만 올빼미에 대한 두려움보다
아빠의 다음 이야기에 대한 궁금증이 더 컸다. 밥과
로즈는 굴속 깊은 곳의 비밀 아지트에 도착하고 나서야
한숨 돌릴 수 있었다. 로즈는 자리에 앉자마자 물었다.

"아빠, 선거 결과는 어떻게 되었어요? 설마…?"

"응, 네가 걱정한 대로야."

"쥐들은 왜 그렇게 다 어리석을까요?"

"모든 쥐가 다 어리석었던 것은 아니야. 띠쥐 부부는
현명했잖아."

로즈는 '아, 맞다' 하는 표정을 지었다. 밥은 쥐들이 그렇게
행동하는 것은 오랫동안 고양이 정부의 지배하에 있으면서
길들여졌기 때문이라고 설명해 주었다. 그리고 누구나
같은 상황에 처하면 비슷하게 행동할 거라고 덧붙였다.

"로즈야, 두려움은 우리의 생각을 빼앗아 간단다. 고양이
앞의 쥐처럼 두려움은 우리의 생각을 감옥에 가두거든."

"아빠, 그럼 두려움을 극복하는 방법이 있어요?"

"응, 있지."

"무엇인데요?"

"어떤 두려운 상황에서도 이야기를 잊지 않아야 해.
오늘 올빼미의 위협 앞에서도 네가 이야기를 잊지 않고
궁금해했듯이 말이야. 이야기는 우리를 우리답게 만들어
주거든. 이야기를 잊어버리면 존재도, 상상도, 미래도
사라지게 된단다."

로즈는 아빠의 말이 쉽게 이해되지 않았다. 하지만 아빠의
비장한 표정으로 보아 아주 중요한 말이라는 것은
알 수 있었다.
이제 저녁거리를 찾으러 나설 시간이다. 로즈는 이야기를
더 듣고 싶었지만, 내일 이야기를 이어 가기로 아빠와
약속했다. 로즈는 저녁 식사 후, 한참을 땅을 파며 놀고
나서야 잠이 들었다. 그제서야 밥은 책상에 앉아 선조들의
자료를 뒤지기 시작했다.

'어떻게 하면 로즈에게 좀 더 쉽고 재미있게 이야기를
해 줄 수 있을까?'

골똘히 생각하던 밥은 잠시 후 무언가를 열심히
써 내려갔다.

1장
호랑이 담배 피우던 시절

로즈는 오후부터 아빠를 졸랐다. 빨리 통나무 별장으로 가서
이야기를 듣고 싶었다. 로즈는 아빠가 이야기를 들려주는
산비탈 위의 통나무를 아빠와 자기만의 별장이라고
생각했다.

"아빠, 해가 지고 있어요. 어서 밖으로 나가요!"
"로즈야, 조금만 더 기다려. 지금 나가면 위험해."

해가 뉘엿뉘엿 지고 난 후에야 땅 위로 올라온 로즈는
콧노래를 부르며 걸었다. 한껏 들뜬 모습이었다.
밤은 뭔가를 골똘히 생각하며 그 뒤를 쫓았다.
둘은 평소처럼 통나무 밑에 자리를 잡았다. 밤의 이야기가
다시 시작되었다.

"아주아주 먼 옛날이야."

"아빠, 얼마나 먼 옛날이요? 증조할아버지? 고조할머니
시절이요?"

"그것보다 더 멀고 먼 옛날, 호랑이 담배 피우던 시절이야."

"와, 기대돼요. 빨리 이야기해 주세요."

밥은 긴 시간 여행을 떠나는 듯 먼 곳을 응시하며 잠시
생각에 잠겼다.

"그 당시 지배자는 호랑이였어. 모든 동물들은 산중의
왕인 호랑이의 말을 잘 들었단다. 그리고 모두 호랑이를
무서워해서 가급적이면 호랑이를 피해 다녔어.
그런데 말이야, 호랑이도 꼼짝 못 하는 존재가 있었어."

"호랑이가 무서워하는 것도 있어요? 호랑이보다도
더 무서운 존재? 그게 누군데요?"

로즈는 속으로 사자나 코끼리를 떠올렸다.

"신!"

밥이 빙그레 웃으면서 말했다.

'신이라고?'

아빠의 대답은 로즈의 예상 밖이었다. 로즈는 신을 본 적도
없고, 신이 실제로 존재한다고 생각해 본 적도 없었다.
신은 동물들이 상상하여 만든 존재라고만 생각했다.

"그때 모든 동물들은 신이 있다고 믿었어. 심지어 호랑이도!"
"와, 신기해요. 모두 신을 믿었다는 것도, 호랑이가 신을
두려워했다는 것도요."

로즈는 이야기에 푹 빠져들었다. 그런 로즈에게 밥이
질문을 던졌다.

"그 당시 땅의 주인은 누구였을까?"
"호랑~이?"
"아니!"
"그럼 동물들 모두의 것?"
"그것도 아니야."

밥은 땅의 주인이 신이었다고 말해 주었다.

"그때는 신이 땅을 비롯한 모든 것의 주인이었고,
이를 잠시 동물들에게 빌려준 것이라고 생각했어.

신이 호랑이에게 땅을 빌려주면서 모든 동물들에게
조금씩 나누어 주라고 했대. 그래서 호랑이가 신을 대신해서
모든 동물들에게 땅을 나누어 주었어."
"소수의 동물들만 땅을 가지고 있는 오늘날보다는 나은
세상이었네요."
"그럴지도 모르지."

로즈는 아빠의 얼굴 표정을 보고 또 다른 흥미로운 질문이
남아 있다는 것을 알 수 있었다. 밥은 재미있는 질문을
던질 때면, 눈을 찡그리고 입을 씰룩거리는 습관이 있었기
때문이다. 아니나 다를까 밥의 다음 질문이 이어졌다.

"그럼 그 당시에는 누가 권력을 갖고 있었을까?"

'당연히 호랑이가 갖고 있었던 것이 아닐까'라고 로즈는
생각했다. 하지만 그렇게 단순한 질문이라면 아빠는
묻지 않았을 것이다.

"모든 동물들! 아니면, 우리 조상인 두더지들이요!"

밥은 크게 웃었다. 기발한 답을 생각해 내려는 로즈가
대견하기도 하고 귀엽기도 했다.

"땅도, 권력도 모두 신이 가지고 있었어. 모든 것을 신이
지배하던 시절이거든. 호랑이 담배 피우던 그 시절은
오늘날의 상식과는 완전히 다른 세상이었어."

밥의 질문은 계속되었다.

"그러면 동물들은 신의 생각을 어떻게 알 수 있었을까? 신이
누구에게 권력을 주고, 누구에게 땅을 주었는지를!"
"저도 들으면서 그게 궁금했어요. 어떻게 알았지?
기도를 했나?"
"맞아. 기도를 해서 알아냈어."
"호랑이가요?"

로즈는 갑자기 웃음이 나왔다. 무서운 호랑이가 공손하게 발을 모으고 기도하는 모습이 그려졌기 때문이다.

"아니, 호랑이가 아니라 다른 동물이 기도를 해서 신의 생각을 읽었단다. 호랑이는 그 동물에게 가서 신의 생각을 물었지."
"그런 동물이 있어요?"
"응, 새는 아니지만 새보다 더 잘 날아다니는 동물!"

로즈는 궁금했다. 새보다 더 잘 날고, 기도를 해서 신의 생각을 알아내는 신비로운 동물은 과연 누구일까? 밥은 골똘히 생각하는 로즈의 모습이 사랑스러웠다. 그 모습을 조금 더 보려고 밥은 뜸을 들이다 말했다.

"바로 박쥐란다."
"박쥐~이?"

"응, 박쥐는 우리처럼 눈이 나쁘지만 초음파를 이용해 길을 찾고, 먹이도 잡을 수 있단다. 이런 신비한 능력을 가진 박쥐는 신의 전령사라는 별명을 갖고 있지."

"신의 전령사? 신의 뜻을 전달하는 존재요? 그럼 박쥐가 호랑이를 찾아와서 신의 뜻을 전달했겠네요."

"아니, 매년 새해가 되면 호랑이가 박쥐를 만나러 갔단다. 박쥐가 사는 곳은 너무 험하고 어두워서 아무나 갈 수 없었지. 오직 산중의 왕 호랑이만이 다닐 수 있었단다. 호랑이는 박쥐를 만나고 오면 모든 동물을 모아 놓고 신의 뜻을 전했대."

로즈는 신기했다. 호랑이도 두려워하는 신이 존재했고, 박쥐가 호랑이보다 더 영향력이 있었다는 사실이 놀라웠다. 그런데 이런 의문도 들었다.

'신의 뜻을 전하는 박쥐는 기도를 하면서 정말 신을 만난 걸까? 그리고 호랑이는 박쥐로부터 전해 들은 신의 뜻을 그대로 동물들에게 전달했을까?'

로즈는 아빠에게 묻고 싶은 것이 많았다. 하지만 어느새
집으로 돌아가야 할 시간이 되었다. 아쉽지만 다음 이야기를
듣기 위해서는 내일을 기약해야 했다. 그렇게 아빠와 딸의
대화는 매일 밤 이어졌다.

2장
양의 비애

'올렌타운'이라는 마을이 있었다. 이 마을은 양, 돼지,
닭 들이 모여 사는 평화로운 곳이었다. 양은 온순했고,
돼지는 낙천적이었으며, 닭은 부지런했다. 마을에는 활력과
여유가 넘쳤다. 이대로 지속되었으면 좋았으련만!
어느 날 사자가 어슬렁어슬렁 마을에 걸어 들어왔다.
마을의 동물들은 사자를 보고 잔뜩 긴장했다. 그러나 다행히
아무 일도 일어나지 않았다. 사자는 말없이 마을 이곳저곳을
돌아다니기만 할 뿐이었다. 그러나 일주일 후, 사자는
갑자기 사납게 돌변했다.

"이제부터 이 땅은 내 것이다! 내 땅에서 모두 나가!"

'대대로 내려오는 이 땅은 모두의 것이라고 배웠는데….'

동물들은 항의하고 싶었지만, 쩌렁쩌렁한 사자의 포효에
겁이 나서 찍소리도 못 했다. 평화로운 마을은 삽시간에
공포의 도가니로 바뀌었다. 그때 사자가 한마디 덧붙였다.

"단, 양들은 빼고!"

양만 남으라고? 동물들은 처음에는 어리둥절하다가
이내 얼굴이 공포로 하얗게 질렸다. 사자가 양을 먹잇감으로
삼으려는 것이라고 생각했기 때문이다. 당사자인 양들은
불안함에 목소리까지 떨면서 사자에게 말했다.

"매~~~~, 저희도 친구들을 따라가고 싶어요!"
"안 돼!"

사자가 단호하게 말했다. 동물들은 양에게 미안했지만,
혹시라도 사자의 마음이 변할까 무서워 얼른 짐을 쌌다.
동물들이 모두 떠나고 난 뒤 두려움에 떨고 있는
양들에게 사자가 말했다.

"이제부터 너희는 마을의 모든 집과 마당을 맘껏 사용하고 뛰어놀아라!"
"네? 진짜요?"

금방 잡아먹힐 거라 생각했는데 사자의 태도는 예상과 달랐다. 그뿐만이 아니었다. 사자는 맹수들로부터 양을 보호하기 위해 울타리를 치고, 심지어 개들에게 보초까지 서게 하였다. 양들의 삶은 이전보다 훨씬 좋아졌다. 드넓은 초원에는 먹을 것이 풍부했다. 울타리와 개들 덕분에 안전했고, 먹이는 물론 뛰어놀 공간도 넉넉해서 양들은 마냥 행복했다.
한편 마을에서 갑자기 쫓겨나서 힘들게 살고 있는 돼지와 닭에게도 양들의 소식이 전해졌다. 그들은 사자와 양이 공모해서 자신들을 쫓아낸 것은 아닐까 하는 의심을 품었다.

"사자가 아니라 양이 우리를 잡아먹은 거야!"

그 의심은 울타리 안의 행복한 양들을 본 후 확신으로
바뀌었다. 양이 사자를 충동질해서 자신들을 쫓아냈다고
생각하자 분노가 일었다. 돼지와 닭은 양들을 향해
불신과 혐오의 눈빛을 보냈다.
양들은 원한에 가득 찬 옛 친구들의 태도에 당황했지만,
자신들의 결백을 증명할 길이 없었다.
찜찜함이 지속되던 어느 날이었다. 사자가 이발사와
멋진 옷을 입은 신사를 데리고 나타났다.

"양아, 이리 와라. 네 털 좀 깎아야겠다."

양들은 평상시에 하던 이발이라고 생각했으나, 이발사는
양의 맨살이 드러날 때까지 털을 깎고 또 깎았다.

"매~~, 추워요!"
"가만히 있어!"

양의 몸 곳곳에 피가 맺혔지만 사자는 아랑곳하지 않았다.

"잘 먹이고 잘 재웠더니 털의 상태가 좋군. 이 정도의
품질이면 높은 가격을 쳐주겠지!"

사자의 말에 신사가 웃으며 머리를 끄떡였다.
순간 양들의 머리를 번쩍 스치고 지나가는 것이 있었다.

'저 신사의 멋진 옷은 우리 털로 만들어진 것이구나!'

그때서야 양들은 사자가 아니라, 사자를 고용한 저 신사가
모든 불행의 원인임을 깨달았다.

밥이 이야기를 마쳤을 때, 로즈의 눈가에는 눈물이 그렁그렁 맺혀 있었다.

"양들이 너무 가여워요. 그리고 신사는 정말 나빠요."

밥이 대답을 하기도 전에 로즈가 물었다.

"아빠, 그런데 우리 조상들의 이야기는 언제 나와요? 지난번 이야기에 나올 줄 알았는데 안 나오고, 오늘도 안 나오고."

밥은 로즈가 이 질문을 할 거라 예상하고 있던 터라 웃음이 났다.

"하하하! 로즈야, 조금만 기다려 봐. 우리 조상들의 이야기를 하려면 이런 배경을 알아야 하거든. 그리고 사실 지금까지 들려준 이야기에 조상들이 이미 나온 것과 다름없단다."

"언제요? 전 기억이 전혀 안 나는데, 어디에서 두더지가
나왔어요?"

"로즈야, 아빠가 들려준 이야기는 우리 조상들이 지켜본
일들을 아버지가 아이에게 들려주고, 또 그 아이가 자라서
다시 자신의 아이에게 들려주면서 그렇게 전해져 내려온
거야. 호랑이 담배 피우던 시절의 이야기도, 오늘 슬픈 양의
이야기도, 모두 조상들이 땅속에 숨어서 지켜보았기 때문에
지금 우리가 알 수 있는 거란다."

"저는 아빠가 지어낸 이야기인 줄 알았는데, 조상들이
실제 있었던 일들을 전해 주신 거였군요. 정말 멋져요!"

"그래, 우리 두더지의 이름에는 '뒤지다'라는 뜻이 담겨
있거든. 조상들이 다 뒤져서 알아내고 이야기해 준 것이지."

로즈는 놀란 표정을 지었다. 그 놀라움 속에는 자부심도
함께 담겨 있었다.

"아빠! 우리 조상들은 두려움 속에서도 이야기하는 것을
잊지 않았네요."

밥은 '두려움을 극복하는 힘은 이야기에서 나온다'는 자신의 말을 기억하고 있는 로즈가 대견하고 사랑스러웠다.

"다음에 들려줄 이야기에는 우리 조상들이 드디어 직접 등장한단다."
"와, 정말 기대돼요."
"하지만 오늘 들려준 이야기보다 더 슬플 수도 있어. 마음의 준비를 단단히 하렴."

'도대체 어떤 일이 있었길래 아빠가 저렇게 말씀하시는 걸까?'

로즈는 다음 이야기가 기대되면서도 걱정이 되었다.

3장
굴뚝 청소부

금방이라도 비가 쏟아질 것처럼 잔뜩 흐린 날이었다.
비가 오더라도 집에 물이 들이치지 않도록 미리 철저하게
대비해야 한다.

"로즈야, 조금만 기다려. 아빠가 집을 둘러보고 나서
나가자."

한참 동안 집 여기저기를 점검한 밥은 로즈와 함께 통나무로
향했다. 통나무 밑에 자리를 잡은 후 밥이 물었다.

"흠, 어디까지 이야기를 했더라?"

"오늘은 우리 조상들의 이야기를 해 주신다고 했어요.
그때 양들만 남고 모두 쫓겨났잖아요. 조상들은 숨죽이며
이 사실을 다 지켜보고 있었고…."

"그래, 우리 조상들은 지상의 양들을 지켜보면서
부드러운 털을 가진 자기들도 잡히면 양처럼 될까 봐
두려웠어. 그래서 다른 마을로 이주하기로 결심했단다."

"어디로요?"

"그게 말이야, 휴!"

밥은 긴 한숨을 쉬었다. 로즈는 아빠의 한숨에서 조상들
삶의 고단함이 느껴졌다.

두더지들은 사자를 피해 울렌타운에서 떨어진 한적한
곳에 터를 잡았다. 땅을 새로 일구자니 힘이 들었지만,
열심히 일하면 먹고살 만했다. 단 한 가지 문제가 있었다.
두더지들이 새로 정착한 곳에 올빼미들이 많다는 점이었다.
올빼미는 두더지가 가장 두려워하는 동물이었다.
밤눈이 밝은 올빼미는 두더지에겐 재앙 같은 존재였다.

고심하던 두더지들은 올빼미를 피해 땅속에 요새를 파고,
자기들만의 신호를 만들어 연락을 주고받으며 그럭저럭
살아갈 수 있었다. 두더지들의 피땀 어린 노력 덕분에 땅은
점점 비옥해졌다.

어느 날 평화롭던 그곳에 여우가 나타났다. 여우는
올빼미만큼 두더지가 무서워하는 동물이었다. 머리 좋은
여우는 두더지를 속이는 데 명수였고, 두더지들은
여우에게 번번이 당하곤 했다.

마을에 나타난 여우는 마을 어귀에 팻말을 세웠다.

'여기는 부르그빌리지입니다.'

마을은 많은 동물들로 북적였다. 그러나 이 마을을
개척한 두더지들은 여우 때문에 땅 위로 올라갈 수가
없었다. 두더지도 땅 위로 올라가 신선한 공기를 마시고,
먹이도 구해야 하는데 여우 때문에 그럴 수 없었다.

두더지들의 삶은 점점 더 불편해졌다. 그 무렵 여우에게서
만나자는 연락이 왔다. 두더지들은 뭔가 꿍꿍이가 있을 거란
의심이 들어 여우를 만날지 말지 회의까지 열었다.

그리고 만일에 대비해서 여우와의 회담 장소를 사방이 트인 들판으로 정했다. 여우가 엉뚱한 수작을 부리지 못하게 하기 위해서였다.

드디어 그날이 왔다. 두더지 대표단에게 여우가 웃으며 말했다.

"같은 마을 주민을 만나니 반갑군."

두더지들은 여우의 말에 놀랐다. 우리를 먹이로 보면 보았지, 언제부터 주민 대접을 했다고! 일단 안심은 되었지만 경계를 늦추지 않았다.

"마을 주민들끼리 적대적으로 살아가는 것은 옳지 않아. 그래서 당신들에게 우리의 공간을 내어 주고 함께 살아가려고."

여우는 두더지들이 전혀 예상치 못한 제안을 했다. 잠시 침묵이 흐른 후 두더지 대표가 확인하듯 물었다.

"우리 두더지들을 부르그빌리지의 주민으로 인정한다는
거죠?"
"말해 무엇 하나."
"그럼 더 이상 우리를 괴롭히지 않는다는 거죠?"
"내가 언제 괴롭혔다고 그래? 두더지들이 지레 날 피해
다닌 거지."

두더지들은 여우의 뻔뻔함에 혀를 내둘렀다. 여우는 그동안 두더지들을 잡아 장난감마냥 놀잇거리로 삼았고, 놀이가 시들해지면 잡아먹었다. 그런데 두더지를 괴롭힌 적이 없었다니! 이때 여우가 말했다.

"마을 주민이 된다는 것은 서로를 공격하지 않는다는 거고, 마을 공간을 함께 쓴다는 거고, 세금을 내야 한다는 거야."
"세금이라고요?"
"응, 세금으로 당신들만이 가져올 수 있는 것을 가져오면 되는 거야."
"우리들만이 가져올 수 있는 것이 뭔가요?"
"땅속에 석탄이라는 검은 돌이 있거든. 그것을 가져다주면 돼. 한 달에 정해진 양을 세금으로 내기만 하면, 이제부터 당신들도 부르그빌리지에서 편하게 살 수 있어."

땅속으로 돌아온 두더지들은 또다시 회의를 거듭했다.
여우에게 속아서는 안 된다는 의견과, 우리를 괴롭히지
않겠다는 여우의 약속만 확실하다면 땅 위로 올라가 살고
싶다는 의견이 팽팽히 맞섰다. 회의 끝에 두더지들은
부르그빌리지의 주민이 되기로 결정을 내렸다.
그러나 그때부터 두더지들의 삶은 힘들어졌다. 석탄은
땅속 깊숙이 박혀 있어 캐내기가 쉽지 않았다. 그나마
다행이라면 두더지의 손이 갈고리처럼 생겨 석탄을 캐기
용이하다는 점이었다. 그러나 석탄을 캐면서 몸에 좋지 않은
미세한 석탄가루를 들이마시게 되는 것은 어쩔 수가 없었다.
어느 날 여우가 말했다.

"당신들이 가져오는 석탄의 양이 적어 그것만으로는
세금을 충당할 수 없어. 그러니 주민이 되려면 다른 일도
해야만 해. 이제부터 우리 여우들의 집 굴뚝에 들어가
막힌 곳을 뚫어 줘."

그런데 문제가 있었다. 굴뚝이 너무 좁아 어른 두더지는
들어갈 수가 없었다. 어쩔 수 없이 어린 두더지가 그 일을
해야만 했다. 그러나 굴뚝에 남아 있는 가스는 석탄가루보다
두더지들에게 더 위험했다. 어린 두더지들이 굴뚝에
들어갔다가 질식해서 죽는 일이 빈번하게 일어났다.
어른 두더지들은 석탄을 캐면서 들이마신 석탄가루가 몸에
쌓여 병이 생겼고, 그로 인해 서서히 죽어 갔다. 두더지들의
삶은 나날이 피폐해졌다.

두더지들은 언제부턴가 부르그빌리지를 탄광 마을이라고
부르기 시작했다. 원래 마을 이름인 '부르그'는 성(城)을
의미했다. 여우들이 울렌타운의 사자로부터 자신들을
보호하기 위해 마을 주변에 성을 쌓고 살았기 때문이다.
그래서 여우는 부르주아지, 즉 성안에 사는 동물이라고
불렸다. 같은 성안에 살고 있지만, 두더지들은 지상이 아닌
지하에서 석탄을 캐면서 살았다.

그들의 세상은 부르그가 아니라 탄광이었다.
그래서 두더지들은 마을을 탄광 마을이라고
부르는 것이 더 자연스러웠다. 한 공간에
두 마을이 존재하는 셈이었다.

탄광 마을 두더지들의 삶이 나빠질수록 부르그빌리지에
사는 여우의 삶은 더욱 여유롭고 풍요로워졌다. 마을에는
동물들이 끊임없이 몰려들었다. 여우는 더 많은 물건을
만들고자 했고, 그러기 위해서는 더 많은 노동력이 필요했기
때문이다.

어느 날 신사가 돼지와 닭을 데리고 부르그빌리지에
나타났다. 신사는 울렌타운의 양 울타리 앞에서 울부짖는
돼지와 닭에게 부르그빌리지에 가면 직업도 얻고
잘살 수 있다고 꼬드겼다. 그 꾐에 넘어가 부르그빌리지에
온 돼지와 닭은 곧 여우에게 넘겨졌다.
그들 앞에는 어떤 미래가 기다리고 있을까?

4장
여우와 호랑이

여우는 마을에 새로 온 돼지와 닭에게 쉴 틈을 주지 않고
일을 시켰다. 이들이 열심히 일한 덕택에 물건을 더 많이
생산할 수 있었고, 마을은 날로 번창했다. 그렇게 계속
좋은 일만 생길 줄 알았던 여우 앞에 호랑이가 나타나면서
일이 꼬이기 시작했다.
호랑이는 부르그빌리지에서 조금 떨어진 곳에 위치한
'이매진빌리지'라는 마을에 살고 있었다. 어느 날 호랑이는
자신이 지배하는 마을의 동물들이 하나둘 도망쳐
부르그빌리지에서 살고 있다는 것을 알게 되었다. 호랑이는
이것이 여우의 계략이라고 생각했다. 그래서 여우를 직접
만나 담판을 지으려고 부르그빌리지에 온 것이다.

호랑이를 만난 여우는 호랑이에게 잡혀가도 정신만 차리면 살 수 있다는 생각에 일부러 허세를 부리며 말했다.

"너, 내가 얼마나 무서운지 모르지?"

여우는 속으로 오금이 저렸지만, 지금까지 자신이 누려 왔던 부를 호랑이에게 빼앗기고 싶지 않았다. 호랑이는 자신보다 덩치도 작고 삐쩍 마른 여우가 호기를 부리자 어이가 없었다.

"아니, 이놈이! 산중의 왕인 나를 보고도 두렵지 않아?"

사실 여우는 심장이 벌렁거려 금방이라도 기절할 것 같았지만, 겉으로는 아무렇지 않은 척 거들먹거리며 물었다.

"하하, 너야말로 어디서 왔길래 날 아직 모르는 거냐? 난 무시무시한 마법을 쓸 줄 알아. 여기 사는 동물들은 다 아는 사실인데 너만 모르는 모양이구나."

순간 호랑이는 당황했지만, 그 말을 곧이곧대로 믿을 수는 없었다.

'마법을 쓴다고? 에이, 아무리 그래 봤자 지가 여우일 뿐이지.'

호랑이가 별 반응을 보이지 않자, 여우가 제안을 했다.

"못 믿겠으면 내가 얼마나 무서운지 보여 줄 테니 따라와 봐."

반신반의하던 호랑이 눈앞에 믿지 못할 광경이 벌어졌다. 거리에서 여우를 본 모든 동물들이 혼비백산하여 도망치는 것이 아닌가! 사실 동물들은 여우 뒤에 있는 호랑이를 보고 도망친 것이었다. 하지만 어리석은 호랑이는 이를 알아차리지 못했고, 호가호위(狐假虎威)라는 말도 몰랐다.

여우의 화려한 옷차림과 풍성한 창고까지 본 호랑이는
여우가 심상치 않은 존재라고 여겼다. 호랑이는 이런 무서운
여우를 그냥 두면 곧 이매진빌리지로 와서 자신의 왕위까지
넘볼지 모른다고 생각했다. 그래서 차라리 옆에 두고
감시하며 그 힘을 이용하기로 마음먹었다.

"여우야, 몰라봐서 미안하구나. 앞으로 네게 중요한 임무를
줄 테니 내 친구가 되어 옆에 있어 줘."

여우는 마지못해 그 제안을 받아들이는 척하면서 이매진빌리지에서 가장 좋은 노른자위 땅을 달라고 요구했다. 그러면 자신이 그 땅을 더욱 풍요롭게 만들어서 호랑이가 더 강한 왕이 되도록 돕겠다는 감언이설까지 곁들였다.

이매진빌리지에서 기름진 땅을 하사받은 여우는 나날이 행복했다. 부르그빌리지는 물론이고 이보다 훨씬 큰 이매진빌리지에서도 안정적으로 소득이 생겼고, 호랑이의 보호 아래 맹주 노릇도 할 수 있었다. 어느덧 자신의 비서들도 생겼고, 창고에는 점점 더 많은 보물들이 쌓여 갔다.

그런데 한 가지 문제가 있었다. 바로 울렌타운의 사자였다. 여우는 부르그빌리지와 이매진빌리지에서 동물들의 노동력을 이용하여 많은 물건을 생산했다. 그러나 물건이 많아질수록 여우의 걱정도 늘었다. 왜냐하면 만든 물건들을 사자의 방해로 팔지 못하고 있었기 때문이다. 사자는 여우에게 양털을 비싸게 팔고, 여우가 물건을 팔기 위해 울렌타운에 들어가려 하면 비싼 세금을 내라고 요구했다.

게다가 물건을 팔 때마다 또 세금을 받았다. 이것을 보고, 다른 마을의 사자들도 똑같이 여우에게 세금을 내라며 텃세를 부렸다. 여우는 미칠 지경이었다. 물건을 많이 팔아도 사자가 요구하는 세금 때문에 이윤이 남지 않았다. 참다못한 여우가 호랑이를 찾아갔다.

"호랑이님, 이것 보세요."

여우의 손에는 반짝이는 물건이 있었다.

"이것이 무엇이냐?"

호랑이가 관심을 보이며 물었다.

"다이아몬드라는 보석입니다."
"무엇에 쓰는 물건인데?"
"사치품으로, 양털로 만든 모직과는 비교할 수 없는 아주 고가의 물건입니다."
"그래?"
"지하에는 이런 보석이 많이 매장되어 있습니다.
이것을 캐다가 팔면 많은 돈을 벌 수 있고, 호랑이님은 최고의 권력자가 될 것입니다."

호랑이가 눈을 번뜩이며 말했다.

"그럼 당장 그렇게 해라!"

"그런데 그게….."

"왜 무슨 문제가 있는가?"

"사자가 이것을 파는 것을 싫어합니다. 그리고 물건을
팔러 가면 길을 막고 돈을 갈취하고 있습니다."

"뭐라고!"

사실 호랑이는 사자를 경계하고 있었다. 그동안 여러 마을의
사자들이 자신을 무시하고 있었지만 애써 모르는 척했다.
수적으로 우세한 사자들과 싸워서 이길 자신이 없었기
때문이다. 이런 사정을 잘 알고 있었던 여우가 말했다.

"제가 가진 돈을 전부 호랑이님께 바치겠습니다.
이 돈으로 동물을 모집하여 군대를 만들고, 또 일부
사자들에게 나누어 주면 그들도 호랑이님의 편에
설 것입니다."

"흠, 그렇다면 한번 해 볼 만하네. 언제 그 돈을 줄 수
있을꼬?"

여우는 자신의 돈을 호랑이에게 바치는 것이 속이 쓰렸지만,
어쩔 수 없었다. 사자를 견제하기 위해서는 호랑이를
이용하는 수밖에 없었다.

'꼴깍.'

귀를 쫑긋거리며 이야기를 듣던 로즈가 긴장했는지 침을
삼키는 소리였다.

"아빠, 어떻게 되었어요? 빨리 말해 주세요. 누가 이겼어요?"
"호랑이가 이겼지. 호랑이에게는 여우의 계략과 돈이
있었고, 우리 조상들이 있었으니까."
"우리 조상들도 싸웠어요?"
"정보를 염탐하고, 함정을 파고, 사자 몰래 양들과 내통하는
역할을 할 수 있는 존재가 우리 두더지들뿐이잖아. 그래서
여우는 두더지들에게 그 역할을 맡기는 대신 많은 보상을
약속했단다."

"사자는 정말 나쁜 동물이에요. 내 땅에서 모두 나가!
그러면서 동물들을 다 쫓아냈잖아요. 그렇다고 호랑이나
여우가 좋은 것은 아니지만…. 그래도 누군가의 편에
설 수밖에 없는 조상들의 입장이 이해는 돼요."

결국 호랑이의 승리로 싸움이 끝났다. 그런데 이 승리를
호랑이보다 더 기뻐한 이는 따로 있었다. 바로 여우였다.
여우는 부르그빌리지에서 이매진빌리지로, 그리고 이제
울렌타운까지 영역을 확장할 수 있게 되었다. 더 많은
동물들을 고용해서 상품을 생산하고, 동물들에게 이것을
팔아 큰돈을 벌 수 있다는 생각에 여우는 기뻐했다.
그런데 이것은 여우의 자승자박(自繩自縛)이었다.

가만히 듣고 있던 로즈가 말했다.

"아빠, 자승자박이라면 스스로가 스스로를 묶어 버린다는
뜻이죠? 왜요?"

"호랑이가 힘이 강해지자 이제 여우를 대놓고 괴롭혔기
때문이야."

"아! 그럴 수도 있겠네요."

"응, 호랑이는 그동안 여우 눈치를 보고 있었는데, 사자를
물리치고 왕중의 왕이 되고 나니 두려울 것이 없었지."

"그럼 호랑이가 여우에게 재물을 내놓으라고 했겠네요.
자기 꾀에 빠진 어리석은 여우. 쌤통이다!"

"응, 호랑이는 사자들이 자기에게 충성을 맹세하자,
이들을 살려 주고 여우한테 빼앗은 재물도 나누어 주었어.
그러고는 더 많은 재물을 여우한테 또 요구했지."

"여우 입장에서는 사자에게 시달리던 때와 다를 바 없네요."

"바로 그거야."

밥은 이야기에 흠뻑 빠져든 로즈에게 물었다.

"그런데 과연 여우가 가만히 당하고만 있었을까?"

로즈는 미처 거기까지 생각하지 못했다.

'맞다. 가만히 있을 여우가 아니지.'

하지만 로즈는 아빠에게 여우가 어떻게 반격했는지 묻고
싶지 않았다. 조금이라도 더 여우의 불행을 즐기고 싶었기
때문이다. 밥은 여우가 곤경에 빠진 것을 반기는 로즈의
심정을 이해할 수 있었다. 조상인 두더지들을 불행에 빠뜨린
장본인이 아니던가! 그렇다고 역사를 왜곡할 수는 없었다.

부가 쌓이는 만큼 여우의 불만과 탐욕도 함께 커져 갔다.

'호랑이만 없다면….'

여우는 호랑이가 있는 한 자신의 재산 축적에 한계가 있다는 것을 직감으로 알았다.

'재주는 여우가 부리고, 돈은 호랑이가 가져간다!'

게다가 여우는 다른 동물들이 진짜 두려워하는 대상이
자신이 아니라 호랑이라는 것을 잘 알고 있었다. 여우의
머릿속은 이런저런 생각들로 복잡했다. 영원히 재주나
부리고 호가호위하는 운명에 머물기는 싫었다. 여우는
고민 끝에 호랑이를 제거하기로 마음먹었다. 그러고는
두더지를 불렀다.

"두더지야, 땅속에서 살기 힘들지? 너에게 부르그빌리지의
시민권을 주고 싶은데 어떻게 생각하니?"
"정말요? 그렇게만 해 주신다면 여우님께 충성을
다하겠습니다."

두더지는 여우의 제안이 진심으로 고마웠다. 땅속에서
석탄만 캐다가 병에 걸려 죽는 자신들의 신세가
한탄스러웠기 때문이다. 특히 손자 두더지들이 어린 나이에
굴뚝 청소를 하고, 자식들이 자신들처럼 힘들게 일만 하는
모습을 보면서 고된 운명을 대물림한다는 생각에
괴로웠다.

지금까지 두더지는 마을의 다른 동물들에게 놀림을 받는
존재였다. 동물들은 두더지의 생김새를 혐오했고, 일생을
지하 탄광에서 일하는 두더지의 삶을 하찮게 여겼다.
여우들은 두더지를 실컷 이용하는 한편, 심심해지면
'두더지 게임'을 만들어 망치로 두더지 머리를 때리는
놀이를 했다. 그래서 두더지들은 땅 위로 올라올 때마다
혐오와 차별의 시선을 받거나, 누가 머리를 때리지는 않을까
늘 공포에 떨어야 했다.

두더지는 이 모든 것이 지하에 살기 때문에 일어나는
일이라고 생각했다. 시민권만 생긴다면 자신은 물론이고
자손들도 당당하게 살 수 있으리라 기대했다.
여우가 희망에 부푼 두더지에게 말했다.

"단 조건이 있어. 할 수 있는 한 깊고 큰 구덩이를 파다오.
빠지면 누구도 절대 나올 수 없는 그런 구덩이! 그리고
그 일은 쥐도 새도 모르게 해야 한다."
"암요. 아주 쉬운 일입니다."

그날부터 두더지는 일가족을 총동원하여 깊은 구덩이를
파 내려갔다. 아래로, 아래로. 물론 아무도 모르게 은밀히
말이다. 드디어 깊은 구덩이가 완성되었음을 알리자 여우는
아주 흡족해했다.
며칠 뒤 여우는 연회를 열겠다며 호랑이를 초대했다.
호랑이가 마을에 도착하자 육중한 몸의 돼지들이 일렬로
서서 환영했다. 호랑이는 으쓱해졌다. 닭은 특유의
울음소리로 연회의 시작을 알렸다.

'꼬끼오, 꼬끼오.'

사실 호랑이는 여우가 연회를 베푼다고 했을 때 의심을
품었다. 요즘 들어 여우의 움직임이 심상치 않다는 소문을
들었기 때문이다. 하지만 여우와 마을 동물들의 환대에
호랑이의 의심은 눈 녹듯 녹아내렸다. 호랑이는 마을 주민들
중 가장 많은 수를 차지하는 두더지들이 보이지 않는 것을
전혀 눈치채지 못했다. 두더지는 깊게 판 구덩이를 보이지
않게 위장하고, 호랑이를 기다리고 있었다.
속으로는 잔뜩 긴장했지만, 겉으로는 연회를 즐기는 척하던
여우는 노래로 흥을 돋우었다. 아무것도 모르는 호랑이는
덩실덩실 춤을 추면서 구덩이 쪽으로 점점 가까이 다가갔다.

"으악!"

호랑이는 비명과 함께 두더지가 파놓은 구덩이에 빠지고
말았다. 여우에게 속았다는 사실을 깨달은 호랑이가 이를
바득바득 갈며 분통을 터뜨렸지만, 구덩이를 빠져나올
방법이 없었다. 호랑이의 울부짖는 소리가 한동안
계속되었다. 그러나 결국 호랑이는 그 안에서 굶어 죽고
말았다. 두더지는 한걸음에 달려가 여우에게 호랑이의
죽음을 알렸다.

"왕이 죽었다!"

여우는 뛸 듯이 기뻐했다. 그러고는 오래전부터
이런 상황을 준비해 온 듯 동물들에게 차분하게 말했다.

"이제부터 부르그빌리지와 이매진빌리지는 하나의 마을이
되었고, 마을의 이름은 이매진빌리지로 한다. 이곳에서는
모두가 왕이다. 동물들은 모두 평등하게 태어났다.
신분 고하를 막론하고 누구든지 기회를 평등하게
보장하겠다."

이매진빌리지! 마을의 이름이 이제야 제값을 하는 듯이
보였다. 누구나 다 노력하면 주인이 될 수 있는 마을이라니!
상상 속에서나 가능한 일이라 생각하지 않았던가!

누구보다 호랑이의 죽음을 반긴 것은 두더지였다. 그는
혁명의 일등 공신이었다. 호랑이가 여우보다 더 두려운
존재였지만, 두더지는 자신과 가족의 생존을 위해 온갖
궂은일을 다하며 견뎌 냈다.

두더지는 당장 시민권을 받을 수 있을 거라 기대했다.
그런데 여우는 차일피일 미루며 기다리라고만 했다.
며칠 뒤 여우가 두더지를 찾아왔다.

"두더지야, 호랑이가 죽고 나서 법이 바뀌었어.
이제 내 마음대로 시민권을 주지 못하게 되었어.
시민이 되려면 재산이 있어야 해. 석탄과 다이아몬드를
더 가져오면 시민권을 받을 수 있게 힘써 볼게."

두더지는 크게 실망했지만, 법이 바뀌었다니 어쩔 수
없었다. 두더지는 시민권을 받기 위해 전보다 더 열심히,
더 깊이, 더 넓게 굴을 팠다. 그러고는 석탄이든
다이아몬드든 나오는 대로 모조리 여우에게 갖다 바쳤다.
그러나 여우는 가격이 떨어졌다느니, 품질이 좋지 않다느니,
양이 부족하다느니 갖은 핑계를 대며 시민권을 주지 않았다.
그래도 두더지는 포기하지 않고 더 열심히 일했다. 언젠가는
시민이 될 수 있다는 꿈을 부여잡고서…. 하지만 두더지의
삶은 나빠지면 더 나빠졌지 조금도 나아질 기미가 보이지
않았다. 두더지를 향한 혐오와 차별도 여전했다.

6장

행복 동화–로빈슨 소와 피노키오

"아빠, 궁금한 것이 있어요."

"뭐든 말해 봐."

"왜 우리 조상들과 다른 동물들은 아무런 저항도 하지 않고 여우가 시키는 대로 한 거예요? 여우보다 수적으로도 많고, 여우 때문에 삶이 피폐해지는데도요?"

"그건 동화들 때문이야."

"동화요? 그게 무슨 말씀이에요? 제가 좋아하는 동화들이 문제의 원인이라고요?"

"그 당시에 유행한 두 권의 동화가 있었는데, 두 권 모두 '여우처럼 부자가 되는 법'을 주제로 한 동화란다."

"그러니까 두 권의 동화는 자기 개발서 같은 거네요."

"하하하! 맞아. 어른들을 위한 동화『로빈슨 소』와 아이들을 위한 동화『피노키오』가 바로 그 동화란다."

"둘 다 제목은 들어 봤어요. 그런데 그 동화의 주제가 부자가 되는 법이라고요?"

"일단 들어 보렴."

밥은 동화『로빈슨 소』를 들려주었고, 로즈는 귀를 쫑긋거리며 이야기에 집중했다.

소는 힘이 세고 자기 할 일을 열심히 하는 동물이었다. 그중에서도 '로빈슨'이라는 이름의 소는 일을 잘하기로 소문이 자자했다. 어느 날 로빈슨이 사는 마을에 호랑이가 여우와 신사를 대동하고 나타났다. 호랑이는 소들을 모아 놓고 위협적인 말투로 말했다.

"이 마을에서 일을 가장 잘하는 소가 누구냐? 내가 일자리를 소개하려고 하는데, 이매진빌리지라는 마을에 가서 일하면 큰돈을 벌 수 있거든."

그러나 소들은 호랑이와 여우를 믿지 않았다. 특히 말없이
뒷짐을 지고 있는 신사는 정체를 알 수 없을 뿐만 아니라
왠지 느낌도 좋지 않았다. 아무도 나서지 않자 신사가
호랑이에게 다가가 무엇인가 귓속말을 속삭였다. 그러자
호랑이는 속을 알 수 없는 미소를 지었다.

다음 날 로빈슨은 직장에서 해고를 당했다. 그의 부인도,
아이들도 갑자기 일자리를 잃었다. 로빈슨은 이것이
호랑이의 짓임을 직감했다. 그는 가족에게 작별 인사를 하고
호랑이를 찾아갔다.

"지난번에 제안하신 일을 제가 할 수 있을까요?"
"왜? 그때는 가만히 있었잖아. 일하기 싫었던 것 아니야?"
"그때는 제가 귀가 어두워서 무슨 말씀을 하는지 잘
몰랐습니다. 어제 이웃들의 말을 듣고서야 저를 위한
일자리라는 것을 알았습니다."

그러자 기다렸다는 듯이 신사가 나타나 로빈슨에게
따라오라고 했다. 신사를 따라 도착한 항구에는 커다란 배가
한 척 있었다. 배에는 이미 로빈슨과 같은 처지의 동물들이
위축된 모습으로 앉아 있었다. 얼마 후, 배는 여기저기에서
모인 동물들을 가득 싣고 항구를 떠났다.

호랑이와 여우는 로빈슨을 비롯한 일하러 가는 모든
동물들을 밧줄로 배에 묶었다. 혹시라도 도망치거나
잃어버릴까 염려되었기 때문이다.
며칠이 지났을까. 갑자기 먹구름이 몰려오더니 거센
비바람이 몰아쳤다. 결국 풍랑으로 배는 두 조각이 났다.
그러나 로빈슨은 밧줄을 끊고 배를 탈출한 덕분에 어느 섬에
무사히 도착할 수 있었다.
다행히 목숨은 구했으나 천신만고 끝에 도착한 섬은
무인도였다. 하지만 로빈슨은 좌절하지 않았다.
나무와 풀을 베어다가 집을 짓고 밭을 일구었다.
시간이 지나자 황폐했던 섬은 비옥한 땅으로 변했다.
로빈슨은 이 섬을 '로빈슨 섬'이라고 불렀다. 그렇게
몇 년이 지난 어느 날 멀리서 배 한 척이 나타났다.
배에는 로빈슨을 이매진빌리지로 데려가려던 신사가
타고 있었다. 로빈슨의 이야기를 들은 신사는 로빈슨의
가족을 찾아서 섬으로 이주시켜 주었고, 로빈슨의 이야기를
책으로 만들었다.

'짝짝짝!'

숨죽이며 듣고 있던 로즈는 동화가 끝나자 박수를 쳤다.
밥이 빙그레 웃으면서 말했다.

"정말 멋진 동화지?"

"네, 아빠. 열심히 일한 로빈슨의 이야기가 행복한 결말로
끝나서 정말 다행이에요."

"그런데 이 동화를 누가 제일 좋아했을까?"

"우리 조상인 두더지겠죠!"

"왜?"

"노력하면 로빈슨처럼 될 수 있다는 희망을 주니까요!"

"아니, 여우와 신사가 제일 좋아했단다."

"왜요?"

"그들은 자신들도 로빈슨처럼 열심히 일해서 부자가
되었다고 말하고 싶었거든. 그러면서 다른 동물들에게
'너희들도 열심히 일하면 섬의 주인이 될 수 있어! 그런데
노력하지 않아서 지금 이 모양인거야.'라고 말하기에
좋은 동화지."
"이런!"

로즈는 순간 얼굴이 빨개졌다. 여우와 신사의 숨은 의도를
알아차리지 못하고, 단순하게 이야기를 이해했다는 생각에
부끄러웠다.

"하하하! 로즈야, 나도 처음에는 너처럼 생각했어. 아마
대부분의 동물들이 그렇게 생각할 거야. 여우와 신사는
이것을 노렸으니까."

그렇다! 여우와 신사가 자신들의 부를 정당화하는 데
로빈슨의 이야기만한 것이 없었다. 밥의 말은 로즈에게
위안이 되었다.

"이제 어린이들을 위한 동화를 이야기해 볼까?"
"네!"

'피노키오랜드'라는 빈민촌에 아주 가난한 여우 노인이
살고 있었다. 이름은 재팻또. 그는 젊어서 크게 사업을
벌였지만, 몇 번의 실패 끝에 빈민촌까지 흘러들어 왔다.
부인과 자식들은 그를 떠난 지 오래였고, 그는 술에 취해
걸핏하면 이웃과 싸우곤 했다. 생활이 점점 힘들어지자,
그는 결심을 했다.

'이렇게 살 수는 없지!'

재팻또는 나무 인형으로 공연을 해서 돈을 벌 계획을
세웠다. 그래서 나무 인형을 만들어 '피노키오'라는 이름을
붙여 주었다.
피노키오는 그 동네에서 가장 모범적인 여우 가족의
아이 이름이었다. 피노키오 집안 역시 가난했지만,
자식들이 열심히 일해서 부모를 잘 봉양했다.

재팻또는 피노키오 집안처럼 나무 인형이 돈을 많이
벌어 오리라 기대하면서 똑같은 이름을 지어 주었다.
그런데 신기하게도 나무 인형 피노키오는 동물처럼 웃고
말하고 움직일 수 있었다.

재팻또는 피노키오에게 공연 기술을 가르치기 위해
기술 학교에 보냈다. 하지만 피노키오는 툭하면 학교를
빠지고 나쁜 친구들과 어울려 다녔다.
재팻또가 달래기도 하고, 두들겨 패서 내쫓기도 했지만
소용이 없었다. 그러던 어느 날 피노키오가 편지 한 장을
써 놓고 사라졌다.

'전 기술도, 일도 배우고 싶지 않아요. 전 겨우 여덟 살이고
노는 것이 좋아요.'

가출을 한 것이다. 재팻또는 화가 머리끝까지 치밀었지만
기다리는 방법밖에 없었다. 집 떠나면 고생이라고 했던가.
정처 없이 떠돌다 굶주림에 지친 피노키오가 어느 후미진
골목에 앉아 있을 때였다. 피노키오 앞에 요정이 나타났다.

"네가 피노키오지? 진짜 동물이 되고 싶지 않니?
거짓말을 하지 않고, 부모를 잘 모시고, 성실하게 생활하면
너도 동물이 될 수 있단다. 그러려면 우선 학교에 가서
기술을 열심히 배워야 해! 놀면서 공짜를 바라는 것은
가난뱅이나 하는 짓이야."

피노키오는 요정의 달콤한 목소리에 반해 버렸다.
요정의 말이라면 뭐든지 믿고 싶었고, 요정에게 인정도
받고 싶었다. 그래서 요정의 충고대로 집으로 돌아왔다.
하지만 제 버릇 남 주랴! 피노키오는 며칠이 지나지 않아
또 가출을 하고, 잡아 오면 납치를 당한 것이라는 둥 길을
잃었다는 둥 온갖 거짓말을 밥 먹듯 했다.
화가 난 요정은 피노키오에게 거짓말을 할 때마다 코가
길어지는 마법을 걸었다. 다른 친구들은 거짓말을 해도
전혀 알 수가 없었지만, 피노키오는 길어지는 코 때문에
거짓말이 금방 들통났다. 게다가 요정은 피노키오가
학교에 가지 않고 친구들을 만나자, 그 친구들을 모두
힘든 일터로 보내 버렸다.

그중 '램프 심지'라는 친구는 제대로 먹지 못하고 고된 일만
하다 결국 죽고 말았다. 겁에 질린 피노키오에게 요정이
말했다.

"게으름은 아주 고약한 병이라서 어릴 때 고치지 않으면
평생 못 고친단다. 동물이라면 일을 해야 해. 일하지 않으면
먹지도 말아야 해. 실제로 일하지 않는 동물들은 골방에서
굶어 죽거나 감옥에 가서 쓸쓸히 죽었어!"
"앞으로는 기술도 배우고 일도 열심히 할게요. 뭐든지
할 테니 진짜 동물이 되게 해 주세요."

피노키오는 약속을 지키기 위해 낮에는 학교를 다니고,
새벽과 저녁에는 아르바이트를 했다. 첫 아르바이트는
우물물을 길어 올리는 일이었다. 100개의 양동이 가득
물을 채우고 나면, 피노키오는 온몸이 땀으로 흠뻑 젖었다.
피노키오가 힘들게 일한 대가는 우유 한 컵에 불과했고,
이마저도 그대로 재팻또에게 가져다주어야 했다.
피노키오는 굴뚝을 청소하는 아르바이트도 했다.

청소를 마치고 굴뚝에서 나오면 숯 검댕이가 되었다.
이렇게 번 돈도 재팻또에게 모두 갖다 바쳤다. 하지만
재팻또는 만족하지 못했다. 그래서 피노키오는 힘들기로
소문난 탄광에까지 나가 일을 했다. 탄광업자는 몸집이 작은
아이들이 일하는 것을 좋아했다. 좁은 틈으로 잘 기어다닐
수 있고 돈을 적게 주어도 되기 때문이다.

드디어 피노키오는 요정의 인정을 받아 진짜 동물이 되었다.

"와, 신난다! 제가 진짜 동물이 되었어요!"

피노키오는 진짜 동물이 되었다는 사실에 기뻐했다.
그런데 왠지 마음 한구석에 찜찜함이 남았다. 피노키오는
다시 탄광에 취직해서 더 열심히 일했다. 하지만 임금은
늘 50%만 지급되었다. 왜 그랬을까? 임금의 나머지 반은
흥신소로 송금되었기 때문이다. 사실 피노키오가 가출했을
때 재팻또는 불법으로 운영되는 '행복심부름센터'라는
흥신소를 찾아갔다. 그리고 다음과 같은 계약을 맺었다.

'피노키오를 찾아 진짜 동물로 만들어 달라. 동물이 된
피노키오가 일을 하게 되면 5년 동안 임금의 50%를
수수료로 지불하겠다.'

그 흥신소는 어떤 신사가 운영했는데, 신사는 문제아만
전문으로 다루는 예쁜 마녀를 고용하고 있었다. 피노키오가
만난 요정은 흥신소에서 일하는 마녀였던 것이다. 그렇다면
흥신소를 운영하는 신사는 누구였을까?

밥의 이야기가 끝나자 로즈가 놀라서 소리쳤다.

"여우와 호랑이를 조종해 온 그 신사잖아요! 이 동화들은
행복 동화가 아니에요. 여우, 호랑이, 신사에게는 행복한
결말의 동화일지 모르지만, 다른 동물들에게는 잔혹
동화예요."

"그래. 하지만 많은 동물들이 이 동화를 행복으로 이끄는 동화라고 믿고 따르고 있어. 피노키오처럼 근면하고 부모를 잘 모시면 로빈슨처럼 잘 살 수 있다고 믿고, 여우를 부러워하면서 살고 있지. 현실은 결코 행복 동화처럼 될 수 없는데도 불구하고 말이지."

밥은 자신도 모르게 한숨을 내쉬었다. 그 모습에서 로즈는 행복 동화를 믿는 동물들에 대한 아빠의 안타까움이 느껴졌다.

"로즈야, 내일 들려 줄 이야기는 잔혹 동화란다. 우리의 실제 삶을 담은 이야기라고 보면 돼."

로즈는 힘들고 슬픈 이야기라 하더라고 들어야 한다고 생각했다. 이야기의 힘을 아는 두더지의 후손이니까.

7장

잔혹 동화-이상한 침대

이매진빌리지의 동쪽에 조그마한 마을이 있었다.
'베드타운'이라는 마을 이름은 이 마을에서 침대가
발명되었다고 해서 붙여졌다. 마을에는 서로를 도우며
열심히 일하는 착한 소들이 살고 있었다. 소들은 고된 일이
끝나면 들판이나 산에서 잠을 자거나, 마당에서 휴식을
취했다. 소들의 삶은 아무런 문제없이 평화로웠다.
마을의 지배자인 호랑이는 밤마다 놀고먹으며 파티를
즐기는 데 정신이 팔려 있었다. 그래서 소들이 열심히
일해서 생산물을 갖다 바치면 그것으로 만족해했다.
어느 날 호랑이가 다른 영토에 사냥을 나갔다가, 친구가
생겼다며 여우를 데리고 돌아왔다. 그런데 여우가 마을에
온 지 얼마 지나지 않아 예전에는 없던 바퀴벌레, 전갈,
개미 등 벌레들이 마을에 생겨났다.

소들은 벌레들을 쫓기 위해 몸을 흔들기도 하고, 꼬리로
때려 죽이기도 했지만, 벌레들은 계속해서 나타났다.
벌레 때문에 밤에 잠을 이룰 수가 없게 되자, 평화롭던
마을 분위기가 달라졌다. 잠을 못 잔 소들은 예민해졌고,
예전처럼 능률적으로 일하지도 못했다. 견디다 못해 마을을
떠나는 소들도 생겼다.
이런 상황을 지켜보던 호랑이는 벌레가 접근하지 못할
근사한 발명품이 있다면서 소들에게 '침대'라는 새로운
물건을 보여 주었다. 단을 높이 쌓고, 그 위에 마른 풀이나
가죽을 깔아 놓은 가구였다. 이것은 여우가 호랑이에게
선물로 준 것이었다.
호랑이에게서 침대를 산 소들은 그 위에서 숙면을 취할 수
있었다. 그러자 마을의 많은 소들이 침대를 가지고 싶어
했다. 그러면서 마을 이름도 '베드타운'으로 바뀌었다. 침대
때문에 소들이 잠을 잘 자게 되면서 생산량도 다시 늘었다.
소들은 여유가 생기자 더 좋은 침대에 관심을 가졌다.

'호랑이와 여우는 어떤 침대에서 자고 있을까?'

지배자의 침대가 궁금해진 소들은 모든 방법을 동원하여
침대에 대한 정보를 알아냈다. 호랑이와 여우의 침대는
소들의 것과는 많이 달랐다. 그들은 반듯한 사각 침대를
사용하고 있었다. 모양이 제각각으로 삐뚤빼뚤한
소들의 침대와는 완전히 다른 것이었다. 더 큰 차이는
매트리스였다. 호랑이와 여우는 짚단이 아니라 화려한
비단으로 감싼 매트리스를 사용하고 있었다.

"와, 그런 침대가 있다니!"

소들도 그들처럼 멋진 침대를 갖고 싶었다. 그래서 좋은
침대를 갖기 위해 더 열심히 일을 했다. 그런데 갑자기
호랑이가 폭탄선언을 했다.

"침대는 과학이다. 지금 너희들이 사용하고 있는 침대는
지저분하고 규격도 제각각이며 딱딱하기 때문에 건강에
해롭다. 이제 우리 마을에서는 규격화된 침대만을 써야
한다."

이른바 '맞춤형 침대 정책'이 공포된 것이다. 문제는
호랑이가 제시한 맞춤형 침대가 '가'형과 '나'형 딱 두 가지
뿐이라는 점이었다. '가'형은 짧고 넓은 형태였고, '나'형은
길고 좁은 형태였다. 침대는 두 가지 규격으로만 생산,
판매되었다. 그러나 두 가지 규격 모두 소에게는 맞지 않아
소들은 침대에서 잠을 이룰 수가 없었다.

"우리에게 침대 선택권을 달라!"

불편함을 참다못한 소들이 항의했지만 호랑이는
막무가내였다. 그는 두 가지 규격의 침대 외에는 어떤 것도
허용하지 않았다.
자기 몸에 맞는 침대가 없으니 이전처럼 방바닥에서 자는
소들이 생겨났다. 그러자 호랑이는 방바닥에서 몰래 자다가
들키면, 자기 키만한 구들장을 지고 한 달 동안 생활해야
한다는 처벌 규정을 만들었다.
몇몇 소들이 정책에 저항하여 규격 외의 침대에서 몰래
잠을 청하기도 했지만 곧 발각되어 처벌을 받았다.
어떤 소들은 잠을 자지 않는 방법을 택하기도 했다. 그러나
얼마 못 가 피곤에 지쳐 쓰러졌다. 소들은 아우성을 쳤지만
호랑이는 강경했다. 결국 소들이 타협안을 제시했다.

"추가로 '다'형의 침대도 만들어 달라!"

그러나 호랑이는 이를 거부했다. '다'형까지 만들면
행정 비용이 많이 들고 관리가 힘들다는 이유를 들었다.
소들은 어쩔 수 없이 두 규격의 침대에 몸을 맞추려고
노력했다. 하지만 몸에 맞는 침대를 갖는 것은 불가능에
가까웠다. 호랑이가 매해 새로운 침대 규격을 발표했기
때문이다. 해마다 달라지는 규격에 몸을 맞출 수 있는 소는
아무도 없었다.

"우리더러 죽으라는 말이냐?"

용감한 소들이 격하게 항의하자, 호랑이는 못 이기는 척
그들에게 몸에 맞는 침대를 제공해 주겠다고 했다.
그러고는 새 침대에 소를 눕히더니 키가 커서 침대 밖으로
나온 소의 다리를 잘랐다. 침대보다 키가 작은 소는 몸을
강제로 잡아 늘였다. 공포에 질린 소들은 더 이상 어떠한
항의도 하지 않았다.

이제 소들에게 침대는 안전하게 쉬는 공간이 아니라,
공포의 대상이 되었다. 검열과 억압의 상징이 된 것이다.
이렇게 호랑이는 맞춤형 침대 정책으로 자신의 힘을
과시하며 소들을 통치할 수 있었다.

"적응만이 살길이다!"

소들은 그해에 발표될 침대의 규격을 미리 알아내려고
노력했다. 그 규격에 미리 몸을 맞추기 위해서. 그러나
침대에 몸을 완벽하게 맞춘 소가 있다는 소식은 들리지
않았다. 호랑이가 아주 이상한 침대를 개발했기 때문이다.
새로 개발된 침대는 소들은 절대 몸을 맞출 수가 없는 반면,
호랑이와 여우의 몸에는 자동으로 맞게 조절되는 이상한
침대였다. 누군가 침대의 길이를 조정하고 있는 것이
틀림없었다. 침대는 과학이 아니었다. 침대는 호랑이의
의중을 그대로 반영하는 통치 기구였다.

이쯤 되면 침대에 몸을 맞추려는 노력이 얼마나 부질없는
짓인지 깨달을 만도 했다. 그러나 소들은 무슨 생각으로
사는지 여전히 최신식 침대를 소유하기를 열망했고, 이를
위해 죽어라 일했다. 침대 가게는 침대를 사려는 소들로
늘 북적거렸다. 현명했던 소들은 점점 생각하고 토론하는
능력을 잃어버렸다. 이제 그들은 순응과 희생의 아이콘이
되었다.

8장
두더지의 단결

이매진빌리지에 사는 두더지들은 하루도 쉬지 않고 열심히
일했다. 그 덕분에 생산성은 높아졌으나, 두더지의 삶은
여전히 힘들었다. 호랑이를 죽이고 마을의 지배자가 된
여우가 더 많은 것을 요구했기 때문이다.

몇몇 두더지들이 여우에게 저항도 해 보았지만, 그때마다
해고 통지서가 날아올 뿐이었다. 두더지들의 분노는 점점
극에 달했다. 광산은 겉으로는 평온해 보였지만, 사실은
폭풍 전야의 고요와 같은 위태로운 상황이었다. 눈치 빠른
여우가 이것을 모를 리 없었다.

두려움을 느낀 여우는 고민 끝에 신사를 찾아가서 어찌하면
좋을지 물었다. 여우의 말을 듣고서 신사는 묘한 웃음을
지으며 여우를 창고로 데려갔다.

"이것을 가져가게! 아주 요긴하게 쓰일 걸세!"

며칠 후 여우가 의기양양한 표정으로 두더지들이 일하는
광산에 나타났다.

"너희와 함께 일할 새로운 친구를 소개할게."

여우가 가져온 것은 커다란 채굴 기계였다.
채굴 기계는 밤낮없이 쉬지 않고 일했다. 불평도 없었다.

이제 두더지들은 그 기계의 리듬에 맞춰 일을 해야만 했고, 일은 더 고되어졌다. 조금이라도 쉬려고 하면 기계는 쉭쉭 소리를 내며 두더지를 위협했다. 동작이 느린 늙은 두더지들은 기계에 깔려 다치기도 했다. 더 이상 참을 수 없었던 두더지들은 밤마다 모여 회의를 거듭했다.

"우리가 이렇게 힘들어진 것은 모두 기계 때문이야!"

원인이 밝혀졌으니 결론도 분명했다.

"기계를 부수자!"

기계만 없어진다면, 예전으로 돌아갈 수 있을 것이라
생각했다. 그래서 두더지들은 기계를 없애기 위한 투쟁을
시작했다. 행동 조를 짜고 즉시 실행에 옮겼다. 고춧가루를
뿌리는 조, 망치로 기계의 뒤통수를 때리는 조, 윤활유 대신
물을 주입하는 조 등 모두 일사불란하게 움직였다.

예상치 못한 두더지들의 투쟁에 당황한 것은
기계가 아니라 여우였다. 여우가 외쳤다.

"폭도들이 나타났다!"

그러자 정부는 여우의 편에 서서 현상 수배 전단을 붙이고
투쟁을 주동한 두더지를 찾아 나섰다.
이번에는 두더지들이 당황했다. 여우의 행동은 이해가
되었지만, 정부가 여우 편을 드는 이유를 알 수 없었다.

두더지들이 그 이유를 깨닫는 데는 그리 오래 걸리지 않았다. 선거를 통해 뽑힌 정부는 실상 여우의 정부였다. 선거권은 재산을 가진 자만 행사할 수 있었기 때문이다. 평소에 차나 티를 마실 여유가 있는 여우는 선거권이 있어 이를 행사할 수 있었다. 하지만 매일 일을 해야 하는 두더지들은 선거권이 없었다.

"우리도 차나 티를 좀 마시면서 투표할 수 있도록 해 달라!"

두더지들은 광장에 모여 자신들의 요구 사항을 주장했다. 일명 '차티즘 운동'이 시작되었다. 두더지들은 정부에 선거권을 당당히 요구하는 자신들이 스스로 자랑스러웠다. 광장에 모이는 두더지들이 점점 더 늘어났다.

그러자 이번엔 여우와 정부가 당황했다. 이런 모습을 보고 고무된 두더지들은 요구 사항을 추가했다.

"어린 여우는 학교를 가는데, 왜 어린 두더지는 밤낮으로
땅을 파야 하는가?"
"어린 두더지를 보호하라!"

태어난 지 3개월밖에 되지 않은 어린 두더지마저 굴을 파는
일에 투입되어 밤낮으로 일해야 하는 것이 현실이었다.
아동노동을 금지하는 법이 없었기 때문이다. 두더지들은
여기에서 한 걸음 더 나아갔다.

"노동시간 산정 기준도 바꿔라!"

현재 여우가 정한 기준은 두더지가 막장에서 땅을 파기
시작하는 시점부터 노동시간으로 인정했다. 그러나
두더지들은 갱도 입구에 들어설 때부터 노동시간으로
인정해야 한다고 주장했다.

투쟁 끝에 두더지들은 요구 사항을 모두 관철시켰다.
실로 많은 것을 얻어 냈다. 두더지들은 두 사건을 '차티좀
운동'과 '공장법 운동'이라고 이름 붙여 역사에 기록하였다.
이제 두더지들은 선거에 참여할 수 있고, 공장에서 자신들을
대변할 대표도 뽑을 수 있었다. 두더지들은 두근거리는
마음으로 다음 선거를 기다렸다.

기다리던 선거가 치러졌다. 그러나 또다시 여우 정부가
들어섰다. 지금까지 선거에 참여했던 다른 동물들은
물론이고, 어렵게 선거권을 쟁취한 두더지들도 대부분
여우를 선택한 것이다.
선거 후 이매진빌리지는 무엇이 달라졌을까? 광산에서
일하던 어린 두더지들이 사라졌다. 어린 두더지들의
노동을 금하는 법이 제정되었기 때문이다. 실질적인 변화는
그것뿐이었다. 여우 정부는 좀 더 세련되게 일을 처리했고,
두더지들에게 좀 더 잘하는 척했다. 그러나 그뿐이었다.

9장

신사의 간교함

"여우 너는 피도 눈물도 없는 동물이야!"

두더지들이 선거권과 「공장법」 제정이라는 결과를 얻어
내자, 신사가 나타나 두더지의 편을 들며 여우를 비난했다.

'지금까지 신사는 여우와 한편이었는데….'

신사의 태도 변화에 오히려 두더지들이 당황했다. 신사는
멋진 옷을 차려 입고 귀부인까지 대동하고 있었다. 그는
힘들게 살고 있는 두더지들에게 도움을 주겠다고 했다.
그러면서 이미 이웃 마을의 불쌍한 돼지와 닭을 돕고 있다고
말했다. 그 말을 증명이라도 하듯 귀부인이 들고 있는
바구니에는 두더지들에게 나누어 줄 빵과 우유가 가득했다.

갑작스런 신사의 태도 변화에 혼란스러웠지만, 두더지들은
고마운 건 고마운 것이라고 생각했다. 신사는 힘겹게 살고
있는 두더지들을 진심으로 동정하는 것처럼 보였다.
어느덧 생활이 힘들어질 때마다 두더지들은 신사와
귀부인을 기다리게 되었고, 신사와 귀부인은 계속해서
바구니 가득 빵을 가져와 조건 없이 나누어 주었다.
두더지들은 신사와 귀부인을 자선 사업가라고 생각했다.
이제 더 이상 신사는 여우와 다니지 않았다. 그리고
사업만을 중시하는 모습도 보이지 않았다. 달라진 신사의
모습은, 여전히 이윤만을 추구하는 여우와는 여러모로
대조적이었다. 그런데 이상하게 신사의 도움에도 불구하고
두더지들의 삶은 전혀 나아지지 않았다. 아니 오히려 더
힘들어지고, 신사에게 더 의존적으로 바뀌었다.

어느 날 신사가 작심한 듯이 두더지들에게 말했다.

"이래서 너희들이 가난한 거야. 의존성만 늘었잖아.
땅속에 사는 이유가 다 있는 거야!"

이전의 태도와는 딴판이었다. 신사가 대놓고
두더지들을 경멸했지만 두더지는 화를 낼 수 없었다.
당장 빵 부스러기라도 얻어야 했기 때문이다. 이제 신사의
말에 동조하며, 자신들이 가난한 것은 스스로 노력이
부족한 탓이라고 여기는 두더지들도 생겨났다.
어느 날 밤, 여우와 신사는 비밀리에 만났다. 한 두더지가
우연히 이 모습을 목격했다. 창에 비친 여우의 그림자는
감사 인사라도 하듯이 신사에게 연신 허리를 숙이고 있었다.
그 만남이 이뤄지고 얼마나 지났을까. 여우와 신사는
새로운 법인 「두빈법」을 제안했다. 이 법은 '두더지 빈민을
구하는 법'이라는 뜻으로, 가난한 두더지들을 어떻게 구제할
것인지 그 방안을 담고 있었다. 문제는 이 법이 정부에 도움을
요청하는 두더지들을 열등한 존재로 다루었다는 점이다.
열등 동물은 기본권을 제한한다는 일명 '열등처우의 원칙'이
「두빈법」의 핵심이었다. 여우와 신사는 두더지들이 부지런히
일해서 부자가 될 수 있게 도와주는 법이라고 홍보하면서,
기준을 매우 엄격하게 적용했다.

여우에게 「두빈법」 아이디어를 준 신사는 사자를 앞세워
양을 제외한 모든 동물들을 울렌타운에서 쫓아낸
장본인이었다. 갈 곳 없는 돼지와 닭을 부르그빌리지로
데려가 일을 시킨 것도, 두더지들이 일하는 광산에 기계를
보낸 것도 모두 신사였다. 그런 그가 왜 갑자기 자선
사업가가 되었을까?
사실 신사의 관심은 언제나 돈을 버는 일뿐이었다. 그의
사업은 나날이 번창했고, 양, 돼지, 닭, 두더지 모두 신사의
말을 잘 들었다. 여우와 사자도 신사의 지시대로 이들을
잘 관리하고 있었다.
그런데 어느 날 두더지들이 중심이 되어서 여우에게
저항하고 있다는 것을 알게 되었다. 게다가 신사가 피도
눈물도 없는 악랄한 존재라는 소문까지 퍼지고 있었다.
과격해진 두더지들이 기계를 부수려고 한다는 소식도
들렸다. 이로 인해 여우가 곤경에 처하면 신사의 사업에도
차질이 생긴다.

'고차원적인 새로운 전략이 필요해!'

신사는 이매진빌리지 숲속을 거닐며 새로운 전략을 구상했다. 자신의 평판을 해치지 않으면서 두더지들을 기계에 묶어 두는 방법은 없을까? 그때 그의 머릿속에 두 글자가 떠올랐다.

'자. 선.'

불쌍한 사람을 도와준다는 의미의 '자선'을 신사는 '자기 선방'으로 이해했다. 게다가 자선을 위해 쓰는 돈은 세금 감면 혜택을 받을 수 있다. 자선을 하면서 '가난한 이웃의 벗'이라는 소리도 듣고, 이미지도 좋아질 수 있다.
신사는 여우를 급하게 불러 말했다.

"여우야, 혹시 내가 너를 공격해도 참아야 한다. 다 깊은 뜻이 있으니 말이야."
"제가 언제 신사님을 의심한 적이 있습니까. 저의 영원한 멘토이신데요."
"그럼 이제 집으로 돌아가 사태를 지켜만 봐라."

신사의 계획대로 두더지들에게 빵을 베푼 덕분에 신사에
대한 이미지가 좋아졌다. 두더지들은 신사를 신뢰하는 쪽과
신사의 의도를 의심하는 쪽으로 나뉘었고, 함께 저항하는
힘이 약해졌다. 무엇보다 가장 큰 소득은 두더지를 자선에만
의존하는 족속이라고 비난할 수 있게 된 것이다.

두더지들은 다시 여우에게 다이아몬드와 금, 석탄을
캐다 바쳤다. 이제는 아무런 불평도 하지 않았다. 가난을
자신들의 탓으로 여겼기 때문이다.

'괜한 불평을 하고 내 문제를 남의 탓으로 돌리려 했던
내가 얼마나 부끄러운가.'

한편 두더지들에게 줄 빵을 구매하기 위해 신사의
주머니에서 나간 돈은 더 큰 수익으로 신사에게 돌아왔다.
덕분에 신사의 얼굴에서는 웃음이 떠나질 않았다. 자선으로
세금 감면도 받고, 돈을 주고 살 수 없는 평판도 회복했으니
말이다. 두더지들을 향해 그가 보였던 동정의 눈물은
'악어의 눈물'이었고, 자선으로 인해 선물을 받은 쪽은
두더지들이 아니라 여우와 신사였다.

10장
띠쥐 부부의 담대한 제안

동물들은 시간이 지나면 지날수록 더 살기 힘들어졌다.
세월이 흘러 2세대, 3세대로 삶은 이어졌지만 고된 생활은
여전했다. 양은 계속 털을 깎여야 했고, 소는 여전히 이상한
침대에 몸을 맞추려 안간힘을 쓰고 있었다. 두더지는 금이나
석탄을 캐기 위해 더 깊은 땅속으로 내려가야 했고,
은퇴한 할아버지 세대 두더지들은 진폐증으로 시름시름
앓았다.
어느 날 이매진빌리지에 사는 두더지들이 모여 대책 회의를
했다.

"이러다간 모두 평생을 노예처럼 살다가 비참하게 죽게
될 거야!"

우울한 분위기 속에서 회의가 계속되었지만, 이렇다 할
대안이 좀처럼 나오질 않았다. 한동안 침묵이 흐른 뒤,
누군가 말했다.

"마우스랜드에서 쫓겨난 띠쥐 부부가 서쪽 숲에 살고
있다는데 그들에게 가서 물어보는 것은 어떨까?"
"나도 띠쥐 부부에 대한 소문을 들은 적이 있어.
머리에 띠를 둘렀는데 무척 현명하다고 하던데."
"그래, 띠쥐 부부를 찾아가 보자."

여기저기서 웅성거리는 소리가 들렸다. 조언을 구하려는
대상이 쥐라고 하니 실망하는 두더지들도 있었다. 하지만
다들 뾰족한 대안이 없었던 터라 일단 대표단을 선발해서
파견하기로 했다.

두더지 대표단이 서쪽 숲으로 난 길을 따라 한참을 들어가니 아담한 집 한 채가 있었다. 사립문 너머 마당에 원고지가 수북이 쌓인 원탁이 보였다. 쥐 두 마리가 원탁에 마주 앉아 무언가에 대해 열심히 토론하고 있었다.

"저들이 띠쥐 부부인가 봐!"

한 두더지가 말했다. 그들은 진짜 머리에 띠를 두르고 있었다. 몸집은 작았지만 눈빛은 범상치 않았다. 두더지 대표단과 띠쥐 부부는 간단히 인사를 나눈 후 바로 토론에 들어갔다.

"왜 우리는 열심히 일하는데도 항상 가난할까요?"

대표단 단장 두더지가 조심스럽게 말을 꺼내자 남편 띠쥐가 물었다.

"생산량이 전보다 줄었나요?"

"아니요, 오히려 늘었어요. 최소한 할아버지 세대보다
100배는 늘었을 거예요."

눈을 동그랗게 뜨고 대답하는 두더지에게 남편 띠쥐가
다시 물었다.

"그럼 그 많은 돈은 어디로 갔을까요?"

아무도 대답하지 않았지만, 모두 돈의 행방을 잘 알고
있었다.

"여우는 땅과 건물 등 부동산이 더 늘었어요. 몸에는 보석을
잔뜩 두르고 다니고요. 하루가 멀다 하고 해외여행을 하고
있어요."

뒤쪽에 앉아 있던 두더지가 볼멘 목소리로 여우를 욕했다.

"하지만 여우는 공장을 짓고 기계에 투자도 하잖아."

다른 두더지가 볼멘 목소리의 두더지에게 핀잔을 주었다.

"그럼 그동안 여러분은 아무것도 안 하고 가만히 있었나요?"

남편 띠쥐의 질문에 두더지들은 대답을 하지 못했다.
두더지들은 그동안 죽도록 일만 했다. 새벽에 일어나자마자
광산에 가서 일을 하고, 달을 보며 집으로 돌아왔다.
아무것도 하지 않아서가 아니라 일만 했는데도 가난한
현실에 아무 말도 할 수 없었던 것이다.
이번에는 부인 띠쥐가 물었다.

"여러분, 아이를 키우는 데 한 마을이 필요하다는 것을 알고
계시나요?"

처음에는 무슨 말인가 의아해하던 두더지들은 곧 그 뜻을
알아차렸다. 이웃은 아이들을 함께 돌보고, 정부는 아이들을
위한 학교를 지어야 하고, 선생님은 아이들을 가르쳐야
한다. 부인 띠쥐가 다시 물었다.

"부자는 어떻게 만들어질까요? 공장을 짓고 기계를 사면
저절로 물건이 만들어지고 부자가 될 수 있나요?"
"아니요, 우리같이 일하는 동물들이 있어야 해요."

두더지의 말에 부인 띠쥐가 맞장구쳤다.

"맞아요. 그렇다면 한 명의 부자가 만들어지기 위해서도
하나의 사회가 필요한 것이 아닐까요?"
"왜요?"

고개를 갸웃거리며 묻는 두더지에게 남편 띠쥐가 말했다.

"여러분처럼 일할 사람이 있어야 하고, 정부의 기업 지원
정책이 있어야 하고, 도로와 철도 등 사회적 인프라가
있어야 해요. 누구도 혼자서는 부자가 될 수 없어요."

듣고 보니 그랬다. 일할 동물이 없는 공장이 과연 가능할까?
그만큼 노동자는 소중한 존재였다. 그런데 왜 노동자는
늘 천대 받고, 여우에게 굽신거려야 하고, 열심히 일해도
가난한 것일까? 왜 여우는 자기만 잘났다고 생각하며
사회에 감사하지 않는 것일까? 이런 의문들과 함께 두더지
대표단의 마음속에서 무엇인가 꿈틀거리기 시작했다.

이런 분위기를 눈치챘는지 띠쥐 부부는 상기된 얼굴로
이야기를 이어 갔다.

"최저임금제를 실시하고, 8시간 노동도 쟁취해야 해요!"
"미래의 노동자인 아이들은 정부가 양육해야 해요. 의료도
정부가 제공해야 해요. 시민은 치료받을 권리가 있어요.
누구나 동물다운 삶을 살 수 있는 최소한의 조건을 담은
시민 기준선을 주장해야 합니다."

띠쥐 부부의 말을 들으면서 두더지들은 입이 떡 벌어졌다.
모두 꿈같은 일이었기 때문이다. 양육과 의료의 책임이
정부에게 있다니! 이런 이야기는 들어 본 적도 없었다.

"우리가 그런 권리를 요구하는 순간 여우는 우리에게
경찰을 보내고, 정부는 당장 군대를 보낼 거예요."

두더지가 우울한 표정으로 말했다.

"그래서 단결해야 합니다. 모든 협상은 개인이 아니라 단체로 진행해야 해요."

부인 띠쥐는 한 걸음 더 나아갔다.

이상이 일상이 되도록, 상상하라!!!!
상상상 청의 발대식

"이웃 마을에 당신들과 비슷한 처지의 동물들이 살고 있어요. 그들도 얼마 전에 우리를 찾아와 같은 고민을 털어놓았어요. 그들과 연대하면 큰 힘이 될 겁니다."

두더지들은 처음에는 불가능한 일이라고 생각했지만 토론을 거듭할수록 할 수 있다는 자신감이 생겼다. 고맙다는 인사를 하고 두더지 대표단이 일어서자, 띠쥐 부부가 자신들의 생각을 적어 놓은 것이라며 책 한 권을 주었다. 「띠쥐 부부의 상상」이라고 쓰여진 책이었다.

한 달 뒤 이매진빌리지, 베드타운, 울렌타운 등 여러 마을의 대표단들이 은밀히 서쪽 숲에 모였다. 이 자리에서 '상상상협회'를 창립하고, 「두빈법」 폐지와 '시민 기준선' 제정을 포함한 강령을 만들기로 결의했다. 회의 자리에는 이런 현수막이 걸렸다.

'이상이 일상이 되도록 상상하라!
−상상상협회 발대식'

11장
비버의 설계도와 대타협의 시대

이매진빌리지에 사는 여우는 두통에 시달렸다. 서쪽 숲에서 은밀히 진행되는 혁명 모의를 눈치챘기 때문이다. 신사에게 조언도 구해 보고 해결책을 찾기 위해 분주히 움직였지만, 신사도 이번에는 뾰족한 방법을 제시하지 못했다.

그러던 어느 날이었다. 두더지들이 광산 가동을 멈추었다. 광산 입구에는 상상상협회의 깃발이 휘날리고 있었다.

"우리는 기계가 아니다!"
"일하지 않는 여우는 먹지도 마라!"
"동물다운 삶을 살 권리를 보장하라!"

「띠쥐 부부의 상상」에서 주장하는 내용을 담은 대자보가
나붙었다. 멀리서 양, 돼지, 닭 들이 응원하고 있었다.
띠쥐 부부도 흐뭇한 표정으로 응원하는 무리에 섞여 있었다.
이 광경을 본 여우는 이번에는 만만치 않은 여정이 될
것이라고 직감했다. 일단 협상 테이블에 나갔다. 긴장감이
감돌았다. 여우와 두더지 대표단이 협상을 시작하려는 순간
동물들이 웅성거리기 시작했다. 이웃 마을에서 응원하러
왔던 양, 돼지, 닭 들이 혼비백산했다. 동쪽 숲에 머물던
호랑이와 사자가 모습을 드러냈기 때문이다.

"여우, 두더지, 이놈들! 우리 할아버지를 구덩이에 빠뜨려
돌아가시게 한 원수들! 반드시 복수하고 말 테다!"

호랑이의 포효가 쩌렁쩌렁 울렸다. 호랑이에게 패배한 뒤
울렌타운을 떠났던 사자도 옆에서 거들었다.

"우리가 시키는 대로 따르지 않으면 모두 가만두지 않을
테다!"

전혀 예상치 못한 맹수들의 공격에 직면한 여우와
다른 동물들은 두려움에 휩싸였다. 약삭빠른 여우가
두더지 대표단에게 재빠르게 제안했다.

"저들이 나보다 백배 천배 더 무섭다는 거 알지?
우리끼리는 싸우지 말자."

그렇게 여우와 두더지 사이에 휴전이 성립되었고, 동물들은
싸울 준비를 했다. 두더지는 땅을 깊이 파서 함정을
만들었다. 양과 돼지는 벽돌을 쌓아 참호를 만들었다.
정찰병을 자처한 닭은 지붕에 올라가서 '꼬끼오' 하고
울었다. 여우는 싸움에 필요한 비용을 댔다. 그러면서
여우는 다른 동물들 몰래 호랑이와 사자에게 선을 대고자
노력했다. 여우는 전쟁에서 누가 이길지 알 수 없는데다,
호랑이와 사자에게 무기를 팔면 큰 이익을 얻을 수 있다고
생각했다.

상상상협회 회원들을 중심으로 하는 동물 연합군의 강력한
저항에 부딪힌 호랑이와 사자는 당황했다. 두더지의 함정이
어디에 있을지 몰라 함부로 덤벼들 수도 없었다.
대치 상태가 길어지자 호랑이와 사자는 먹을
고기를 구하지 못해 배고픔에 지쳐 갔다.
전세는 점점 동물 연합군에게 유리한 쪽으로
기울고 있었다. 상황을 지켜보던
두더지가 말했다.

"우리는 전쟁이 끝난 후를 대비해야 해.
이대로 가다간 여우가 또 우리를 이용해
먹을 거야!"

역사를 소중히 여기는 자만이 지혜와 친구가 될 수 있다.
두더지는 전쟁 중에도 역사를 잊지 않았다. 두더지는
그동안의 경험으로 미루어 여우가 전쟁 중에도 계속
부를 축적하고 있으리라 짐작했다. 지금까지
여우는 진정한 정의의 편이었던 적이 없었다.
여우에게 정의란 곧 이익을 의미할 뿐이었다.
그래서 두더지는 전쟁이 끝나면 여우가 백발백중
배신할 것이라고 예상했다.
한편, 여우는 전쟁이 끝난 후에 예전과 같은
지배력을 어떻게 회복할지 대책 마련에
골몰하고 있었다. 문제는 상대가 더 이상
호락호락하지 않다는 데 있었다.

'예전처럼 내 마음대로 하며 살 수 있을까? 전에는
두더지들만 상대하면 됐지만, 이젠 다른 동물들이 함께하고
있잖아. 특히 상상상협회와 띠쥐 부부도 있지 않은가!
내키지 않지만 그들과 적당히 타협하는 수밖에 없겠어.
그러지 않으면 혁명이 일어날 거야.'

여우의 생각이 여기에 다다를 즈음 동물들이 제안을
해 왔다.

"전쟁이 끝난 후에 우리가 어떻게 살지에 대한 계획을
띠쥐 부부에게 맡깁시다."

여우는 마지못해 동의했다. 동물 연합군 대표는
띠쥐 부부에게 전후 계획을 세워 달라고 부탁했다. 그러자
띠쥐 부부는 자신들의 제자를 소개시켜 주었다. 비버였다.

"비버에게 답이 있을 겁니다."

비버는 동물 연합군 대표의 제안을 흔쾌히 수락했다.
그는 띠쥐 부부에게 배운 이론을 바탕으로 댐을 만드는
연습을 해 왔기에 실전에도 자신이 있었다. 비버는
연구에 연구를 거듭한 끝에 역사적인 보고서를 내놓았다.
바로「비버의 혜안」이었다. 새로운 사회 구조를 설계한
도면은 이렇게 탄생했다.

드디어 굶주림과 피로에 지친 호랑이와 사자가
동쪽 숲으로 사라졌다. 마을에는 평화가 찾아왔다.
막상 전쟁이 끝나고 나니, 여우는 「비버의 혜안」이
영 탐탁하지 않았다. 그래서 이를 시행할지 여부를 투표에
붙이자고 했다. 여우는 신사를 대동하고 다니면서 「비버의
혜안」이 동물들을 의존적이고 게으르게 만들 것이라고
비난했다. 그러나 투표 결과는 「비버의 혜안」에 찬성하는
쪽이 압도적으로 많았다. 왜 이런 결과가 나왔을까?
사실 전쟁을 겪는 동안 동물들은 더 건강해졌다. 특히
아이들의 발육이 좋아졌다. 대부분의 동물들이 전쟁 전에는
가난해서 규칙적인 식사를 할 수 없었다. 그러나 전쟁 때
실시된 식량 배급제로 동물들은 규칙적인 식사를 하면서
더 건강해질 수 있었다. 이런 경험을 통해 동물들은
「비버의 혜안」이 희망의 메시지라는 것을 알았다.
이제 여우만의 정부가 아니었다. 두더지도 정부 운영에
당당하게 참여했다. 일명 '대타협의 시대'가 열린 것이다.

12장
누구도 배고프지 않은 사회

"아빠, 지난 이야기에서 궁금한 게 있어요."

로즈가 호기심 어린 눈으로 말했다.

"무엇을 궁금해 하는지 아빠가 대신 말해 볼까?
「비버의 혜안」이라는 보고서의 내용이 궁금한 거지?"
"와, 아빠는 제 생각을 어떻게 그렇게 잘 아세요?"
"다 아는 수가 있지. 비버는 댐을 쌓으면서 깨달았어. 댐을
튼튼하게 쌓아 놓으면 가뭄도, 홍수도 막을 수 있다는
것을! 그래서 가뭄이나 홍수 같은 위험이 닥치기 전에 미리
댐을 쌓아 예방하는 것이 공동체의 책임이라고 주장했지.

주민들은 공동체에 위험을 막아 달라고 요구할 권리가
있다고! 왜냐하면 주민들이 세금도 내고, 밭도 비옥하게
만들고, 또 전쟁이 나면 나가서 싸우기도 하잖아. 그러니
공동체는 이들이 위험에 처하지 않도록 막아 주어야 한다고
주장했어. 그게 보고서의 내용이란다."

"정말 멋져요!"

밥은 내친김에 「비버의 혜안」에 대해 더 자세하게 설명해
주어야겠다는 생각이 들었다.

"우리 딸은 세상에서 가장 큰 위험이 뭐라고 생각해?"
"흠, 아빠가 없는 세상. 아빠는 제게 집도 만들어 주고,
먹을 것도 잡아다 주고, 역사도 가르쳐 주고, 아프면 병원에
데려가 주고, 간호도 해 주잖아요. 그러니 아빠 없는 세상은
상상할 수도 없는 암흑의 땅이에요."

밥은 감동했다. 로즈가 이런 생각을 갖고 있는지 미처
몰랐다. 밥은 애써 태연한 척 이야기를 이어 갔다.

"네가 아직 어리니까 아빠가 의식주와 교육, 의료, 돌봄을
책임지고 있잖아."
"네, 그래서 늘 감사하게 생각해요."
"그런데 만약 아빠가 일하다가 죽으면 어떻게 될까?"
"아빠, 무슨 그런 끔찍한 말을 하세요. 생각하기조차 싫어요."

"로즈의 친구 중에는 부모님이 안 계신 친구도 있잖아.
그 친구들은 어떨까?"

"아무래도 생활하기 힘들겠죠."

"맞아. 부모가 아프거나, 실직을 하거나, 돌아가셨다면
그 자녀들은 생활하기 힘들어질 거야. 그런데 부모의 역할을
공동체가 한다면 어떻게 될까? 교육, 소득, 의료, 주거,
일자리 등을 부모가 아니라 공동체가 책임을 지는 거야.
그렇다면 어떨까?"

"그렇게 된다면 부모가 계시든 안 계시든, 부모의 능력과
상관없이 누구나 안전하게 살아갈 수 있을 것 같아요."

밥은 「비버의 혜안」을 완벽하게 이해한 로즈가 대견하기만
했다. 비버는 질병, 무지, 소득결핍, 불결, 나태 등의 악이
주민들을 공격하지 못하도록 공동체가 댐을 만들어야
한다고 주장했다. 바로 공공의료, 의무교육, 소득보장,
공공주택, 완전고용이라는 댐이다.

"로즈야, 「비버의 혜안」이 제안한 공동체가 만들어진 후에
어떤 일이 벌어졌을까?"
"누구나 돈 걱정 없이 학교에 갈 수 있고, 아프면 병원에 가서
치료를 받겠죠. 모든 동물들이 편안히 쉴 수 있는 집이 있고,
배고플 걱정을 하지 않아도 되겠죠."
"그래. 불의의 사고로 다치거나 장애를 갖게 되어도,
삶의 질이 떨어지지 않게 되었단다."

로즈는 대화를 통해 「비버의 혜안」을 깊이 이해하고,
그 내용에 감탄했다. 밥은 로즈에게 들려줄 이야기가
더 남아 있었다.

"로즈야, 동물들이 어떤 상황에서도 배가 고프지 않게
되면서 어떤 점이 가장 많이 변했을까?"
"음, 걱정이 없어지면서 모든 일에 자신감이 생기지
않았을까요?"

"맞아. 먹고사는 것에 대한 걱정을 덜면서 삶에 대한 공포가 줄어들었어. 그래서 여우 앞에서 하고 싶은 말을 하면서 자기를 표현하게 된 거야. 자기들의 조직을 만드는 것도 두려워하지 않게 되었지."

"이제 정말 평등해졌네요."

"응, 공동체는 여우처럼 돈 많은 동물들에게서 세금을 거둬서 그 돈으로 위험을 막는 댐을 건설했어. 그러면서 동물들의 발언 기회도, 삶의 수준도 평등해졌지."

로즈는 상상하는 것만으로도 즐거웠다.

"그런데 이런 공동체가 만들어진 것이 호랑이 담배 피우던 먼 옛날의 일이 아니란다. 바로 네 할아버지 세대의 일이란다."

"네? 우리 할아버지 때에 그런 공동체가 만들어졌다고요?"

비버 이야기를 먼 옛날 일로만 생각했던 로즈는 할아버지
할머니 세대의 일이라는 말에 귀가 쫑긋해졌다.

"아빠, 그럼 지금 우리가 살고 있는 세상도 할아버지 때처럼 평등한가요?"

"아니, 네가 태어나기 직전까지는 그랬지. 그런데 지금은 그때의 공동체와는 많이 달라졌지."

밥은 로즈가 태어나기 전에 어떤 일이 있었는지 자연스럽게 설명해 줄 기회라고 생각했다. 역사는 앞으로 나아가는 것만은 아니다. 옆으로도, 뒤로도 갈 수 있는 것이 역사이다. 이제 지킬 수 없는 승리는 신화가 될 수밖에 없다는 뼈아픈 교훈에 대해 로즈와 이야기 나눌 차례였다.

13장
하이에나의 탓탓론

동물 연합군에 패배하여 동쪽 숲으로 돌아온 호랑이와
사자는 분을 삭이고 있었다. 이들에게 신사가 찾아와
물었다.

"너희들이 왜 전쟁에서 졌는지 알아?"
"몰라!"

두 맹수는 신경질적으로 대답했다. 신사가 말했다.

"머리가 없어서 그래!"
"뭐라고?"

호랑이와 사자는 이빨을 드러내며 화를 냈다. 그러나 신사는
무서워하기는커녕 훈계하듯 설명을 이어 갔다. 그는
띠쥐 부부와 비버의 이야기를 들려주고, 「띠쥐 부부의
상상」과 「비버의 혜안」에 대해서도 알려 주었다. 신사의
이야기를 들으면서 기분은 나빴지만, 호랑이와 사자는
자신들에게 이론가와 설계도가 없다는 것을 인정할 수밖에
없었다.

"전쟁은 몸으로 하는 것이 아니라 머리로 하는 거야.
이제는 힘만 가지고는 안 돼. 동물들에게 동의를 얻지
못하면 더 이상 통치를 할 수 없어."

신사의 말에 호랑이와 사자는 슬슬 짜증이 나기 시작했다.

"그래서 머리 나쁜 우리더러 어쩌라고?"
"그럴 줄 알고 내가 띠쥐 부부와 비버에 버금가는 선생을
모시고 왔지!"

신사는 치밀했다. 신사가 손짓을 하자 덤불 사이에서
누군가 모습을 드러냈다. 하이에나였다. 하이에나는
눈을 동그랗게 뜨고 말했다.

"사회라는 건 없습니다!"

밑도 끝도 없이 사회가 없다니, 호랑이와 사자는
하이에나의 말을 이해하지 못해 어리둥절해하였다.
하이에나는 무식한 녀석들이 그럴 줄 알았다는 듯이
차분히 설명을 이어 갔다.

"사실「비버의 혜안」은 사회 탓만 하고 있습니다. 사회
구조를 통해 불평등을 해결해야 한다고 동물들을 현혹하고
있습니다."

하이에나는 상기된 표정으로 목소리를 높였다.

"가난이 자기 탓이지 어떻게 사회 탓입니까?"

그럴듯했다. 동물들이 똘똘 뭉칠 수 있었던 것은 가난을
사회 탓으로 돌렸기 때문이다. 만약 가난을 자기 탓이라고
생각했다면 더 열심히 일만 했을 것이다.

하이에나는 가방에서 책을 한 권 꺼냈다. 하이에나 자신이
쓴『내 탓은 동물의 길, 남 탓은 노예의 길』이라는 책이었다.
일명 '탓탓론'이라는 이 책은 남 탓만 하는 자는 노예로
살 수밖에 없다는 주장을 담고 있었다. 호랑이와 사자에게는
복음과 같은 책이었다.

"그런데 이 주장을 어떻게 동물들에게 전파하지?"

호랑이가 물었다. 하이에나는 예상했던 질문이라는 듯
웃음을 머금고 말했다.

"TINA를 내세우면 됩니다."
"TINA라고? 그게 뭐야? 티 나게 멋진 거야?"

호랑이와 사자는 역시 무식했다. 'TINA'는
'There is No Alternative!'의 준말이다. 모든 문제는
자신과 가족이 해결하는 방법 외엔 다른 대안이 없으니
정부에 의존할 생각을 하지 말라는 뜻이었다. 옆에서
하이에나의 말을 가만히 듣고 있던 신사가 나섰다.

"광고비는 내가 내지!"

신사는 과연 자기 돈으로 광고비를 냈을까?
신사는 그길로 여우를 찾아갔다. 그리고 여우의 약점을
파고들었다.

"여우야, 요즘 힘들지?"
"신사님, 어떻게 아셨어요? 돈벌이가 예전만 못해요. 마음껏
두더지를 부려 먹지도 못하고, 세금으로 돈도 뜯기고….
게다가 동물들이 저에게 고분고분하지도 않아요. 더러워서
못해 먹겠어요."
"해결할 방법이 있지."
"정말이요? 제가 뭘 하면 돼요?"

신사는 씨익 웃었다. 그리고 얼마 후, TV에 'TINA' 광고가
등장했다. 처음에는 동물들이 관심을 보이는 듯 싶었지만
곧 시큰둥해졌다. 띠쥐 부부와 비버에게 이미 교육을 받았기
때문에 동물들은 이에 현혹되지 않았다.

그러던 중 이매진빌리지에 가뭄이 들었다. 정부는 생수를 사재기하는 것을 엄격하게 통제했다. 그런데도 생수 가격은 계속해서 올랐고, 그 상승세는 꺾일 줄 몰랐다. 그러자 처음에는 정부의 통제를 잘 따르던 동물들이 점차 짜증을 내기 시작했다. 급기야 정부를 비판하는 목소리가 터져 나왔다.

"생수 가격을 시장에 맡겨라!"

사회가 혼란에 빠지자, 호랑이와 사자는 기회가 왔다고
생각하고, TINA를 앞세워 목소리를 높였다.

"문제를 키운 것은 정부다. 정부 개입을 중단하라!"

동물들이 듣고 보니 이 주장이 그럴싸하게 들렸다.
정부가 과도하게 개입한 탓에 모든 문제가 생겨난 것
같았다. 생수 가격도 실제 시장에 맡기면 수요공급의
법칙에 의해 자동적으로 가격이 조정될 것 아닌가! 생각이
여기까지 이르고 보니, 사회복지를 한답시고 많은 세금을
걷어서 공공의료, 의무교육, 공공주택에 쓴 것이 오늘날
위기의 원인인 것처럼 보였다. 호랑이와 사자는 목소리를
더 높였다.

"정부의 시장 개입과 무상 복지가 더 이상 지속되면 안 된다.
우리가 집권하면 모든 무상 제도를 폐지하고 경제를 살릴
것이다!"

호랑이와 사자의 주장에 동조하는 동물들이 하나둘
생겨났다. 특히 돈 좀 있다는 부자 동물들이 이탈하기
시작했다. 여우는 호랑이와 사자도 싫었지만, 두더지나
양, 돼지, 닭 들과 같은 취급을 받는 것도 자존심이 상했다.
그래서 내심 이 주장에 동의하는 눈치였다.

결국 호랑이와 사자의 공동 정부가 들어섰다. 이들은
이전 정부가 무상으로 제공했던 집을 부자 동물들에게
판매하고, 정부가 운영했던 공장과 광산도 전부 매각했다.
이로 인해 큰 혜택을 받은 것은 여우를 비롯한 소수의 부자
동물들이었다. 하지만 이들을 제외한 대다수의 삶은 다시
힘들어졌다.

대타협과 단결은 없던 일이 되었다. 양, 소, 돼지, 닭 들은
원래 살던 마을로 돌아갔다. 자동 침대가 다시 등장했고,
띠쥐 부부와 비버의 보고서들은 불태워졌다. 띠쥐 부부와
비버는 수감되었다가 한참 뒤에야 풀려났다.

그 일이 있은 후 다시 선거가 치러졌지만, 호랑이와 사자의 집권은 계속되었다. 호랑이는 두더지들이 힘든 삶에 대해 불평할 때마다 이렇게 말했다.

"너희들이 왜 살기 힘든지 알아? 그건 이주 동물들 때문이야. 그들이 너희 일자리를 다 빼앗았잖아!"

호랑이는 두더지들의 불행을 다른 마을에서 이주해 온 동물들의 탓으로 돌렸다. 그러고는 한마디를 덧붙였다.

"나는 두더지들만을 위한 나라를 만들 거야!"

띠쥐 부부가 호랑이의 말에 절대 속지 말라고 두더지들을 설득했지만 소용이 없었다.

"띠쥐 부부의 말만 들으면 머리에 쥐가 나는 것 같아."

언제부터인가 대부분의 두더지들은 띠쥐 부부가 허황된
이상주의자라고 생각해, 그들의 말에 더 이상 귀 기울이지
않았다.

그해 치러진 선거에서도 호랑이가 대표로 선출되었다.
호랑이 정부는 집권하자마자 띠쥐 부부가 빨갱이로
밝혀졌다며 방대한 증거들을 공개했다. 그리고 띠쥐 부부가
이주 동물들과 내통해서 일자리를 빼앗으려 했다는 누명도
씌웠다. 결국 띠쥐 부부는 추방당했다.

이후 두더지들을 위한 나라를 만들겠다는 호랑이 정부는
두더지들에게 배급하던 식량의 양을 점점 줄여 갔다.
빈민층 두더지들은 굶어 죽거나 배고픔을 견디다 못해
마을을 떠났다. 그렇지만 대부분의 두더지들은
호랑이 정부에 대해 불평하지 않았다.

'모든 것이 내가 게으르고 못나고 운이 없는 탓이야!'
'모든 것이 우리의 일자리를 빼앗은 이주 동물 탓이야!'

두더지들이 이렇게 생각했기 때문이다. 그러는 사이 호랑이는 국경에 철조망을 치고, 이주 동물들이 이매진빌리지에 들어오지 못하도록 막았다. 두더지들은 이 조치에 환호했지만 그렇다고 삶이 나아지진 않았다. 그래도 여전히 두더지들은 가난의 원인을 이주 동물들의 탓으로 돌리며 그들을 비난했다. 이매진빌리지는 더 흉흉해졌다.

14장
새로운 자선과 불행한 삶

호랑이와 사자의 통치 시대가 계속되었다.
이들은 선거를 통해 번갈아 가며 집권했다. 여우를 비롯한
부자 동물들이 변함없는 지지를 보냈기 때문이다.
역사학자들은 이 시기를 '호사 시대'라 불렀다.

그러나 가진 것 없는 평범한 일반 동물들은 팍팍한 삶을
살아야만 했다. 먹고살기 위해 매일 분주히 움직이며
일만 했다. 두더지는 석탄을 캐기 위해 더 깊은 굴속으로
들어갔다. 베드타운으로 돌아간 소들은 여전히 침대에 몸을
맞추기 위해 노력했다.

그사이 계층 간 불평등은 더욱 심화되었다. 경제적인
궁핍도 문제였지만, 몸이 아파 병원에 가도 제때 치료를
받을 수 없었다. 의료 예산이 삭감되어 병원에는 대기 줄이
늘어났고, 간단한 수술조차도 한참을 기다려야 받을 수
있었다. 모두의 것이었던 산과 들도 개인 소유로 바뀌어서
땔감은 물론 먹이마저 구하기 힘들었다. 상황이 이렇다 보니
토론 모임에 참여하는 동물들의 수도 나날이 줄어들었다.

"먹고살기도 힘든데 토론은 무슨 토론이야."

마을에는 냉소주의가 만연했고 생활은 더욱 궁핍해졌다.
동물들은 특단의 대책이 필요하다는 것을 깨달았다.
어느 날 서쪽 숲에서 동물 대표들의 비밀 회동이
이루어졌다. 먼저 두더지 대표가 말문을 열었다.

"더 이상 이렇게 살 수는 없어. 혁명을 일으키자!"

그 제안에 모두가 심적으로 동의했다. 하지만 어느 누구도
먼저 앞에 나서려고 하지 않았다. 혁명은 누군가의 피를
먹고 자라기 때문이다.
동물들의 동요에 여우는 그 불똥이 어디로 튈지 몰라
불안했다. 일단 가만히 앉아 분위기를 살폈다. 사실
여우는 호사 시대가 싫지는 않았지만, 자기가 1인자가 될
가능성이 없기 때문에 내심 불만도 가지고 있었다. 변화가
필요하지만, 그렇다고 대타협의 시대로 돌아가고 싶지도
않았다.
회의장에 침묵이 흘렀다. 한참이 지난 후 여우 대표가
헛기침을 한두 번 하더니 말을 시작했다. 그 여우는 젊은
이미지와 뛰어난 말솜씨로 지지자들의 마음에 불을 낸다고
해서 '불내여'란 별명을 가지고 있었다.

"호랑이와 사자를 무찌르려면 모든 동물들의 지지가
필요합니다."

다들 호기심 어린 눈으로 불내여를 쳐다보았다.

"사실 우리 여우들과 부자 동물들도 호사 정부가 싫습니다. 하지만 대타협 시대의 과도한 복지 정책에도 찬성하지 않습니다. 복지를 보장하되 무조건적인 보장이 아니라 일하고자 하는 동물에게만 혜택을 주어야 합니다. 직업훈련이나 교육, 구직 활동을 할 때만 주는 것입니다. 그렇게 한다면 우리 여우들과 부자 동물들의 지지를 얻을 수 있을 것입니다."

불내여의 대안은 혁명을 일으키는 것보다 실현 가능성이 높아 보였다. 호사 정부를 벗어나기 위해서는 부자 동물들의 지지가 절대적으로 필요했다. 동물들은 불내여의 의견에 지지를 표명했다. 불내여는 힘주어 말했다.

"받는 복지에서 일을 위한 복지로, 다시 말해 'Welfare'를 넘어 'Workfare'로 나갑시다!"

회의장의 동물들이 하나둘 일어나 박수를 치더니 나중에는 모두 일어서서 박수를 치며 환호했다. 분위기가 고조되자 불내여가 목소리를 높였다.

"한 가지 더 말할 것이 있습니다. 이제 동물들도 무조건 조직적으로 활동하는 것을 자제해야 합니다."

그 말에 박수를 치던 동물들이 멈칫했다. 그러나 불내여는 아랑곳하지 않고 말을 이어 갔다.

"이제 재산은 공동소유라는 낡은 사상도 버려야 합니다!"

동물들은 당혹한 얼굴로 웅성거렸다. 불내여의 이 말은 띠쥐 부부가 세운 목표 중 하나인 '사유재산 없는 세상 만들기'를 포기한다는 공식적인 선언이었기 때문이다.

"우리는 대타협 시대와 호사 시대의 사잇길인 '제3의 길'로 가야 합니다."

동물들은 잘생기고 말도 잘하는 불내여의 매력에 점점
빠져들었다. 결국 몇 달 뒤 불내여는 새로운 대표가 되었고,
10년이 넘는 오랜 기간 동안 집권했다. 그렇다면 동물들의
삶은 어떻게 달라졌을까?

어느 날 '브레이크'라는 이름의 두더지 한 마리가 죽었다.
그 두더지는 오랫동안 탄광에서 일을 해서 진폐증에
걸렸지만, 어떤 조치도 받지 못했다. 대타협의 시대였다면
당연히 복지 혜택을 받았을 테지만, 제3의 길 정책에서는
진폐증이 정말 일을 하지 못할 정도의 심각한 병인지
정밀 검사를 받아야 했다. 검사를 하고 기다리고, 검사를
다시 하고 또 기다리기를 반복했다. 그 과정에서 브레이크는
화병까지 얻어 결국 사망했다.
'브레이크 사건'이 알려지고 나서야 동물들은 불내여와
그가 내놓은 정책이 현명한 대안이 아니었다는 것을
깨달았다. 이때 아주 매력적인 구호와 함께 외모도 출중한
동물이 새롭게 나타났다. 카멜레온이었다.

"저는 큰 사회를 만들겠습니다."

카멜레온의 말에 동물들은 또다시 술렁거렸다. 사회가
책임지겠다고! 동물들은 대타협 시대의 환생이라고 반겼고,
카멜레온은 새로운 대표에 당선되었다. 카멜레온의 본색이
드러난 것은 그 이후였다. 그는 취임사에서 뜻밖의 원칙을
천명했다.

"큰 사회의 핵심은 마을입니다. 이제 국가에게 책임을
묻지 말고 시장 탓도 하지 맙시다. 마을이 모든 것을
책임져야 합니다. 마을과 여러분에게 권력을 위임할 테니
알아서 하십시오."

동물들은 카멜레온의 말을 선뜻 받아들이기 어려웠다.
카멜레온의 주장은 의료, 교육, 주택, 소득 문제를 더 이상
국가가 책임지지 않을 테니, 마을이 알아서 책임지라는
뜻이었기 때문이다. 카멜레온에 대한 동물들의 의심은
깊어질 수밖에 없었다.
어느 날 카멜레온이 신사를 만나 밀담을 나눈 사실이 신문에
보도되었다. 그는 신사에게 충성을 다짐했다.

"내가 제일 존경하는 동물은 호랑이와 사자입니다!"

아뿔싸! 동물들은 그때서야 카멜레온의 정체를 알고
후회했지만 이미 엎질러진 물이었다. 동물들 위로
카멜레온의 그림자가 짙게 드리워졌다. 그 그림자는
호랑이와 사자를 합성해 놓은 듯했다.

15장
설상가상

며칠 동안 로즈는 아빠의 얼굴을 볼 수 없었다.
밥이 전염성이 강한 바이러스에 걸렸기 때문이다. 밥뿐만
아니라 마을의 많은 동물들이 바이러스에 걸렸다. 다행히
땅속 로즈의 집은 미로처럼 되어 있어서 머물 공간이
많았다. 로즈는 아빠를 볼 수 없고 아빠의 이야기도 들을 수
없는 이 시간이 빨리 지나가길 기다렸다.

"로즈야!"

멀리서 밥의 목소리가 들렸다. 다행히 밥이 다 나은
모양이다.

"아빠아!"

로즈는 번개처럼 뛰어가 밥의 품에 안겼다. 아빠는 조금
수척해 보였지만, 목소리와 얼굴로 보아 건강을 되찾은 것이
분명했다.

"걱정이구나."
"아빠가 다 나았는데 뭐가 걱정이에요?"
"응, 우리 말고 다른 동물들!"

로즈는 바이러스에 걸려 학교에 나오지 못하는 친구들이
떠올랐고, 바이러스 때문에 사망한 동물도 있다는 이야기를
들은 것이 기억났다.

"바이러스는 약자만 괴롭히거든!"
"아빠, 그게 무슨 말이에요? 바이러스는 동물들 모두에게
전염병을 퍼뜨리고 있잖아요?"
"그렇지만 전염병은 밀집된 좁은 공간에서 일하는 동물이나
나이 든 동물 같은 약자들에게 더 영향을 미친단다."

생각해 보니 넓은 집에 사는 여우는 바이러스의 공격에
대비할 수 있고, 병에 걸려도 최고의 치료를 받을 수 있었다.
반면 바이러스의 위협 속에서도 좁은 곳에서 매일 일을
해야만 하는 동물들은 속수무책으로 당할 수밖에 없었다.

"로즈야, 재난은 불평등한 사회의 약자들만 공격하는
것처럼 보인단다. 평등한 사회에서는 공동체가 댐을 만들어
공동으로 대응하지만, 불평등한 사회에서는 약자들만
늘 바이러스에 당하니까 말이야."

로즈는 어디에선가 들었던 단어가 떠올랐다.

'재난불평등.'

밥은 재난불평등이 설상가상 현상이라고 알려 주었다.
가난하고 위험에 취약한 동물들에게 엎친 데 덮친 격으로
바이러스까지 공격하는 것이라고. 밥은 알 듯 말 듯한 말을
덧붙였다.

"신의 전령사가 참다 참다 결국 바이러스의 댐을 터뜨린 것
같구나."

로즈는 아빠의 말을 이해하기 어려웠다.

"신의 전령사, 바이러스의 댐, 이게 무슨 뜻이에요?"
"로즈야, 신의 전령사가 누구인지 기억나니? 예전에
이야기한 적 있었는데."

로즈는 기억을 더듬었다.

"아, 호랑이 담배 피우던 시절! 이제 생각났어요."
"그래, 박쥐. 박쥐가 신의 전령사였잖아. 신이 무슨 생각을
하는지 알아내는 존재."
"네, 그런데 바이러스의 댐은 뭐예요?"
"박쥐는 몸에 100여 종의 바이러스를 지니고 있단다.
많은 바이러스들이 박쥐를 숙주 삼아 살아가고 있는 거지."
"바이러스의 댐이라고 할 만큼 박쥐의 몸에 많은
바이러스들이 있다는 뜻이군요."

"맞아. 그럼 신의 전령사가 참다 참다 결국 바이러스의 댐을 터뜨렸다는 말은 무슨 뜻일까?"

로즈는 곰곰이 생각하더니 말했다.

"아빠, 무슨 뜻인지 알겠어요. 신이 전령사인 박쥐를 통해 바이러스를 모든 동물들에게 퍼뜨렸다는 뜻이에요."
"빙고! 역시 우리 딸 똑똑하구나!"
"그런데 왜 신이 바이러스를 퍼뜨려요?"
"동물들에게 경고하려고! 동물들의 세계가 너무 불평등해서 신이 참을 수 없었던 거야. 그리고 동물들이 돈을 벌 욕심으로 숲속 깊숙한 곳까지 개발하니까, 더 이상 자연을 건들지 말라고 경고한 거지."
"아빠, 그런데 신을 화나게 한 것은 여우잖아요. 불평등을 조장한 장본인이고, 신의 전령사가 있는 신의 영역까지 개발해 간 것도! 그럼 신은 여우만 벌을 주면 되는데 왜 불쌍한 동물들과 우리 같은 어린아이들까지 함께 벌을 주는 거예요?"

밥은 순간 당황했다.

"글쎄, 신의 뜻은 역사가 한 겹 흐른 후에야 알 수 있겠지.
어쩌면 더 많은 성찰과 분노를 하라고 동물들에게 주는
마지막 기회인지도 모르지."

로즈는 아빠의 말에 고개를 끄덕이면서도 마음속에는
의문이 남았다.

'이 세상에 신은 진짜 존재할까? 신은 과연 어떤 역사적
계획을 갖고 있을까? 그리고 신의 뜻을 정말 알 수 있는
것일까?'

조상들과 다른 동물들의 역사에 대해 알고 나니 로즈는
세상이 더 궁금해졌다.

희극이 되지 않으려면

로즈는 지금까지 들은 역사에 대해 아빠와 토론해 보고
싶었다.

"아빠, 제가 곰곰이 생각해 봤는데 모든 역사적 사건들은
결국 빵 때문에 일어난 거였어요."

그랬다. 호랑이 담배 피우던 시절부터 동물들은 빵을 얻기
위해 분투했다. 동물들의 역사는 안정적으로 빵을 얻기 위한
노력의 과정이었다.

"아빠, 빵을 가장 품위 있게 얻을 수 있었던 시기는
대타협의 시대였어요."
"그랬지. 그때는 공동체가 댐을 쌓아 모두가 어떤
상황에서도 배고프지 않은 사회를 만들었으니까."
"아빠, 그런데 그 빵이 지배자에게 문제가 되었던 적은
없었어요. 아무리 위험한 상황에서도 지배자들은
안정적으로 빵을 먹을 수 있었어요. 그리고 지배자들은 빵이
넘쳐 나도 마지못해 찔끔 나누어 줄 뿐, 약자들이 배고프지
않도록 충분히 나누어 주지는 않았어요."
"맞아, 그랬지. 그런데 그 최소한의 나눔이라도 가능했던
것은 언제였지?"
"약자들이 자각하고, 조직하고, 저항했을 때요!"

밥은 로즈의 논리 정연함에 놀랐다. 밥은 삶에 필수적인 최소한의 빵을 얻는 것이 권리임을 알고, 그것을 관철할 수 있는 권력을 가져야 한다고 강조했다. 그리고 권력은 폭력이 아닌 동물들의 동의에서 나오며, 동의의 기반은 논리이고 지식이라는 점을 강조했다. 로즈는 밥의 말에 고개를 끄덕였다.

"아빠, 제가 깨달은 것이 있어요. 문제의 원인을 동물 개개인의 자각에 초점을 맞춰서는 안 된다는 거예요. 자각하지 못하는 것은 개인의 탓이 아니니까요. 왜냐하면 권력관계와 부당한 사회 구조가 개인의 생각을 좌우하기 때문이에요. 그래서 동물들의 생각을 바꾸려면 권력관계와 사회 구조를 함께 바꿔야 해요. 그리고 그 힘은 시민들의 연대에서 나와야 해요."

밥은 로즈가 언제 이런 생각을 했는지 놀랍고 대견했다.

"로즈야, '역사는 되풀이된다. 처음은 비극으로, 다음은
희극으로!'라는 말을 들어 본 적 있니?"
"아니요, 처음 들어요."
"그럼 이 말이 무슨 뜻일 것 같아?"
"흠…, 역사가 되풀이된다는 것은 이해하겠어요. 여우가
지배했다가, 두더지들이 저항해서 역사를 주도했다가,
다시 여우가 반격에 성공했으니까요. 그런데 비극과 희극은
무슨 뜻이에요? 여우가 처음 지배할 때도 비극이고,
여우가 다시 집권한 것도 비극인데, 왜 희극이라고
했을까요?"

밥은 비극과 희극이라는 말이 역사 인식에서 대단히
중요하다면서 차분히 설명을 이어 갔다.

"생각해 봐. 처음에 했던 어리석은 쥐 이야기 기억나니?"
"네, 자기들의 편이었던 띠쥐 부부를 빨갱이 취급한
그 쥐들!"

"맞아. 그런데 세월이 흐른 후 우리 조상인 두더지들도
어리석은 쥐처럼 자기편을 알아보지 못하고 호랑이와
사자를 자신들의 지배자로 선택했잖아."

"맞아요. 저도 그 대목에서 쥐들과 두더지들이 똑같다는
생각을 했어요."

"그래, 쥐들의 첫 번째 선택은 비극이었지. 그런데
왜 두 번째에도 똑같은 일이 일어났을까?"

"그야 첫 번째에서 교훈을 얻고 문제의 원인이 무엇인지
철저하게 고민해야 하는데 그러지 않았으니까요."

"맞아. 비극적인 역사에서 교훈을 얻지 못하면 비극이
되풀이되는데, 같은 실수를 반복하다니 우스꽝스럽잖아.
그래서 희극인 거야. 그 어리석음을 비웃으려고 희극이라고
하는 거지."

로즈는 뭔가 골똘히 생각하더니 말했다.

"아빠, 이제 알 것 같아요. 왜 아빠가 두려움 앞에서도
이야기를 잊지 말아야 한다고 했는지. 아빠에게서
우리 조상들의 이야기를 전해 듣지 않았다면,
저도 희극 속의 들러리 같은 존재가 되었을 거예요.

역사는 단순한 사실도, 교양도, 옛날 이야기도 아닌 비판을
담은 이야기였어요. 우리가 살고 있는 세상을 비판적으로
묻는 이야기!"

로즈는 더 이상 밥에게 이야기를 해 달라고 조르던
그 어린아이가 아니었다. 밥은 토론하는 벗으로 성장한
로즈와 떠날 삶의 여행이 즐거운 소풍길이 될 것 같다는
예감이 들었다.

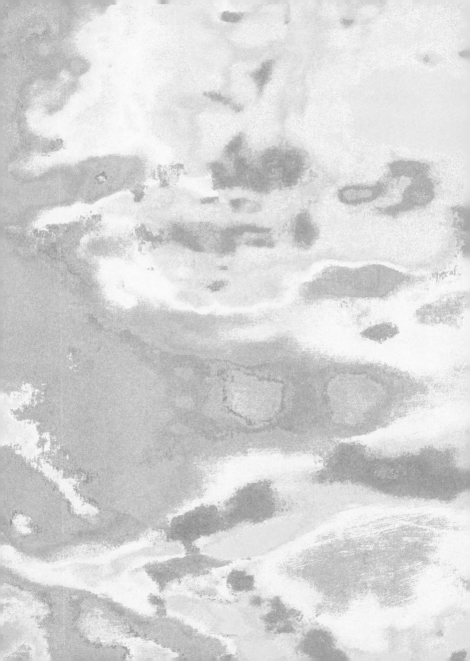

이 책을 더 재미있게 읽기 위하여

1. 이 책의 기본 관점

역사는 시민들의 권리를 향한 정치적 여정이다

이 책은 역사책이다. 자본주의 역사를 우화의 형식을 빌려 서술한 것이다. 그렇다면 역사란 무엇인가? 이 책은 세 가지 관점에서 역사를 이해한다.

첫째, 역사는 의미의 덩어리이다.
둘째, 역사는 정치가 빚은 그릇이다.
셋째, 역사는 비판으로 완성된다.

브라질의 교육사상가 파울로 프레이리는 『페다고지』에서 인간이 동물과 다른 결정적인 차이는 역사를 갖고 있는 점이라고 주장한다. 동물도 인간처럼 시간의 흐름 속에서 살아간다. 하지만 동물에게 이 시간은 물리적인 시간에 불과하다.

동물은 시간에 의미를 부여하지 않기 때문이다. 동물에게 시간이란 오늘도 내일도 생존을 위한 먹이 활동의 연속일 뿐이다. 이런 점에서 동물은 비역사적인 존재이다. 그러나 인간은 주어진 한계상황을 극복하고자 노력하고, 오늘보다 나은 내일을 만들고자 노력한다. 그래서 인간의 어제와 오늘 그리고 내일은 각각 다른 빛깔의 의미를 지니고 있다.

역사의 정체성을 의미의 덩어리로 설명하는 관점은 영국의 역사학자 E. H. 카에게서도 발견된다. 그는 『역사란 무엇인가』에서 사실을 물리적 사실(physical fact)과 역사적 사실(historical fact)로 나눈다.

카보다 1세기 앞선 독일의 사실주의 역사학자 레오폴트 폰 랑케는 사실이 그 자체로 존재해야 한다고 보았다. 그래서 그는 역사가의 임무가 '과거를 있는 그대로 보여 주는 것'이라고 말한다. 랑케는 역사 인식에서 역사가의 주관을 최대한 억제할 것을 요구한다. '사실이 말하게 하라', 즉 역사는 서술하되 창작하지 않아야 한다는 것이다. 이와 달리 카는 물리적 사실보다는 역사적 사실에 주목한다. 예를 들어 보자. 사람들은 고초를 겪으면서도 권력에 저항해 왔다. 그중 고문을 당하다 사망한 청년 박종철의 희생은 1987년 6월 민주화운동의 기폭제가 되었다. 역사는 그동안 있었던 다른 죽음에도 주목하지만, 박종철과 1987년에 특별한 의미를 부여하고 역사적 사실로 기록하였다. 카에 따르면 사실은 역사가가 허락할 때만 이야기되어진다. 어떤 사실에 발언권을 줄지 결정하는 것은 역사가인 것이다.

역사적 사실이 무엇인지 이해하기 위해 더 생각해 보아야 할 문제들이 있다. 어떤 사실은 누군가에게 큰 의미를 가지는 반면 다른 누군가에게는 의미가 없을 수도 있다. 예를 들어 결혼기념일은 당사자인 부부에게는 중요한 날이지만, 다른 사람들에게는 아무 의미도 없는 날이다. 한편 동일한 사건에 상이한 의미가 부여되는 경우도 있다. 콜럼버스의 신대륙 발견은 유럽 열강에게는 아메리카라는 새로운 대륙을 발견한 역사적 사건이지만, 그곳에 살고 있는 원주민에게는 삶의 터전에 콜럼버스라는 잔인한 침략자와 학살자가 등장한 사건이다. 제국주의자에게 식민지는 개척된 것이지만, 식민지 주민에게 이는 침략인 것이다.

이처럼 서로 상반된 의미를 가지는 사실에 어떤 의미가 있는지를 과연 누가 결정하는 것일까? 카는 그 결정을 하는 사람이 역사가라고 말한다. 그러면서 '역사가는 자신이 속해 있는 사회의 산물인 동시에 의식적이건 무의식적이건 그 사회의 대변인'이므로, 역사의 주체는 바로 사회라고 주장한다.

그렇다면 사회의 입장은 어떻게 정해지는가. 이 질문을 통해 이 책의 역사에 대한 두 번째 관점을 살펴볼 수 있다. 사회는 다름 아닌 정치를 통해 결정된다. 즉 어떤 사건에 누군가 특별한 의미를 부여해서 역사가 만들어지는데, 이때 의미를 부여하는 누군가는 바로 정치이다. 정치는 특정한 목적을 가진 세력들 간의 갈등과 타협이다. 사회의 다양한 주체들이 자신의 관점에서 만든 의미 체계로 역사적 사실을 만들고자 노력하는 과정에서 역사가 탄생한다.

프랑스의 정치사회학자 니코스 풀란차스는 『국가 권력 사회주의』에서 국가는 '세력 관계의 응축'이라고 말한다. 따라서 국가의 성격은 권력관계에서 어떤 세력이 더 우세한가에 따라 결정된다. 이런 맥락에서 역사의 해석도 권력관계에 따라 달라진다. 미국의 진보주의 사상가 마이클 파렌티는 『비주류 역사』에서 편찬된 역사는 권력자의 목소리에 불과하다고 주장한다.

"윈스턴 처칠은 토리당원들에게 '동지들, 역사는 우리의 편이

될 것입니다. 물론 내가 그렇게 쓸 것이기 때문입니다'라고
확신에 찬 말을 했다."
— 파렌티, 『비주류 역사』, p.23

파렌티는 역사란 정치에서 더 많은 영향력을 가진 자, 즉
강자의 목소리라고 비판한다. 그런 의미에서 역사는 '진실'
이 아니라 권력자의 검열을 통과한 '특정 해석'이다.

"아마도 미래에는 가르칠 만한 아프리카 역사책이 나올
것이다. 그러나 현재로는 거의 드물다, 아니 한 권도 없다.
아프리카에는 오직 유럽인의 역사만 있을 뿐이며, 이를
제외하면 온통 암흑과 같다."
— 『비주류 역사』, pp.11~12

파렌티는 정치가뿐만 아니라 역사가, 언론인, 성직자, 교
과서 집필자, 교사, 대학교수 등이 모두 역사를 꾸미는 일에
관련되어 있다고 주장한다. 정치는 이들을 동원하여 역사를
마치 객관적인 사실로, 정설로 조작한다.
이상에서 보듯이 정설로서의 역사는 주류의 이야기일 가

능성이 있다. 따라서 역사는 비판적으로 독해되어야 한다. 역사적 사실에 관여한 자들이 누구인지 묻고, 이것을 진실이라 믿게 될 경우 어떤 일이 일어나는지 생각해야 한다. 특히 역사에서 소외된 주제, 사람, 철학을 민감성의 눈으로 포착해야 한다. 파렌티는 말한다.

> "우리가 아는 과거는 역사의 승자들이 만들어 낸 것으로, 패자들의 목소리는 촘촘히 짜여진 그물을 통과한 다음에야 겨우 들을 수 있다."
> ―『비주류 역사』, p.9

이 책은 역사를 의미의 덩어리로, 정치적 산물로, 비판적 독해로 이해하려고 한다. 그렇다면 역사는 어떤 의미를 향해 가는 것일까? 이 책에서는 인권을 보장받기 위한 시민들의 여정이 역사라고 주장한다. 어떤 상황에 처하더라도 누구나 인간답게 살 수 있는 세상을 향한 인정투쟁이 역사의 의미를 만드는 것이다. 이런 점에서 인권의 여정은 정치적이다.

> "인권은 흔히 추상적인 도덕성의 차원에서 논의되지만, 다른

정책들과 마찬가지로 정치라는 토대에 발을 딛고 있으며 똑같은 규칙의 지배를 받는다. 정부는 그럴듯하게 들리는 인도주의 정책을 선보이고, 다른 나라의 인권탄압 행위를 공개적으로 비난한다. 그러나 그 정부도 필요할 경우에는 그들과 똑같은 행위를 저지르고 인권을 무시한다. … 정부는 '인권을 위해 정부가 무엇을 할 수 있는가'를 묻는 것이 아니라, '인권이 정부를 위해 무엇을 할 수 있는가'를 묻는다."
— 셀라스, 『인권, 그 위선의 역사』 p.22-23

이처럼 인간은 자신의 존재를 드러내기 위해 부단히 투쟁한다. 하지만 늘 성공하는 것은 아니다. 그러나 멈추지 않고 전진과 후퇴를 반복한다는 점에서 인권의 역사는 늘 과정 중에 있다.

빵과 장미를 향한 우화 속 동물들의 행진

자본주의가 흘러간 자리에는 불평등의 흔적이 깊이 남아 있다. 루소는 『인간 불평등 기원론』에서 한쪽은 먹을 것이 넘쳐나는 반면, 다른 한쪽은 생존 자체가 힘든 상태에 있다고 비판한다. 루소에 따르면 이것은 인간 본성에서 비롯된 결과가 아니라 사회체제에서 비롯된 문제이다. 루소는 인간은 원래 선한 존재인데, 사회가 인간을 타락시켰다고 주장한다. 그 사회는 사적 소유를 권리로 인정하고 착취를 일삼는 자본주의 사회이다.

이 책의 우화 속 동물들은 열심히 일한다. 일을 해야 생존에 필요한 '빵'을 얻을 수 있기 때문이다. 일을 하느라 생각할 시간이 없다. 자신이 누구인지, 왜 사는지, 그리고 이웃과 공동체는 안녕한지 등 '장미'의 눈으로 성찰할 엄두를 내지 못한다. 장미가 없는 빵만을 위한 삶을 살지만 삶이 더 나아지지도 않는다. 생산성이 높아져도 소수가 그것을 독점하기 때문이다.

처음에는 문제의 원인이 기계라고 생각하고 애꿎은 기계를 부수는 방법으로 문제를 해결하려고 한다. 하지만 곧 말할 자유와 정치 참여 권리를 갖지 못한 것이 원인임을 깨닫는다. 그래서 지배자들에게 말할 권리를 달라고 요구하면서 투쟁한 끝에 '자유권', 즉 언론·출판·집회·결사·사상·표현 등의 자유를 얻는다. 그리고 선거권과 공직에 나갈 수 있는 피선거권을 얻는다. 하지만 일을 해야만 하기 때문에 어렵게 획득한 자유를 누릴 시간이 없다. 게다가 자유권을 행사하며 자신의 의견을 말하다가는 해고될 수도 있다. 자유권은 그림의 떡일 뿐이다.

'정치권'도 마찬가지다. 정치에 참여하려면 아는 것이 있어야 하는데 공부할 여유가 없다. 관련 정보도 부족하다. 무엇보다 선거운동을 하려면 정치자금이 필요한데, 돈이 없다. 피선거권이 가진 자만의 권리가 되기 십상인 이유이다. 결국 선거에서 거수기 역할을 할 뿐이다. 투표를 하지만 대변자가 아닌 지배자를 뽑는다. 달라질 거라 기대했으나 이전과 다를 바 없는 생활에서 동물들은 새로운 자각을 하게 된다. 자유권과 정치권만으로는 동물들이 동물답게 살 수 없다는 것을! 장미를 가지려면 빵이 있어야 한다는 사실을!

동물들은 실존을 위해 생존이 보장되어야 한다는 것을 자각한다. 이것은 열심히 일한다고 해서 얻을 수 있는 것이 아니다. 질병, 노령, 실업 등으로 일할 수 없는 상황이 되더라고 최소한의 빵을 권리로 얻어야 한다. 소득·의료·교육·주택·고용 등을 기본적으로 보장받아야 한다. 이것은 '사회권'을 의미한다. 또한 공장에서 일한 만큼 가질 수 있어야 한다. 최소한의 삶이 가능하도록 공장 내에서의 노동조건 개선과 임금

인상을 요구해야 한다. 이것이 '노동권'이다.

사회권과 노동권은 지배계급이 자신의 몫을 양보할 때 가능해진다. 하지만 지배계급이 순순히 자신의 것을 내놓을 리 만무하다. 생산물 재분배가 가능하기 위해서는 두 가지 조건이 필요하다. 첫째, 정당성이다. 개인의 부는 그 사회가 협력해서 만든 것이다. 따라서 불평등은 정의롭지 못하다. 루소는『인간 불평등 기원론』에서 불평등의 기원은 가진 자들의 착취와 폭력에 있다면서 사회계약을 통해 부당한 질서를 변화시켜야 한다고 주장한다. 이런 점에서 시민권 이론은 시민이라면 재분배를 통해 인간다운 행복한 삶을 살 권리가 있다고 주장한다. 시민은 어떤 상황에서도 배고프지 않고, 질병을 치료받으며, 안전한 주택에서 살 권리가 있다. 그런데 권리는 저절로 얻어지는 것이 아니다. 국가가 지배계급의 편을 든다면 더더욱 권리로 인정받지 못한다. 그래서 둘째, 정당한 권리를 획득할 수 있는 힘, 즉 권력이 시민과 노동자에게 있어야 한다. 권리와 권력이 생산물 재분배의 필수 요건인 것이다.

우화에서 새로운 상상이 동물들에게 정당성을 부여한다. 한 명의 아이를 키우는 데 한 마을이 필요하듯 한 명의 부자가 만들어지는 데에도 한 사회가 필요하다. 사회가 함께 생산한 것을 지배계급이 과도하게 많이 가져서는 안 된다. 동물들은 이러한 재분배에 대해 배우고 스스로 학습하게 된다. 이런 자각은 동물들의 단결과 단체교섭으로 이어진다. 뜻대로 되지 않을 때에는 파업도 불사한다. 더 나아가 국가 수준의 소득분배를 주장하면서 시민운동은 물론 제도정치에 깊이 개입한다. 시민 권력을 통해 자신들의 권리를 주장한다.

　이처럼 권리를 관철하는 권력을 시민들이 획득할 때, 빵과 장미를 얻을 수 있고 동물다운 삶이 보장될 수 있다. 이 책은 동물들이 자신의 권리를 자각하고, 이 권리를 관철하기 위해 권력을 갖게 되는 정치 과정을 우화 형식으로 그리고 있다. 빵을 의미하는 아빠 밥과 장미를 의미하는 딸 로즈의 대화를 통해, 역사를 빵과 장미를 얻기 위한 권리와 권력의 관점에서 풀어낸 것이다. 이 책은 우리가 살고 있는 세상이 어떤 세상인지, 어떤 세상이어야 하는지, 우리는 이 세상에서 무엇을 해야 하는지를 묻는 시민들의 광장을 주선하고자 한다.

2. 이야기 속 마을과 동물

마을의 의미

이 책의 중심 무대는 이매진빌리지이다(마을 지도 참조). 이매진빌리지는 기존의 이매진빌리지와 부르그빌리지 그리고 울렌타운까지 합쳐진 공동체로 자본주의 사회를 대변한다.

울렌타운은 점차 자본주의로 변모해 가는 중세 봉건제 사회를 대변한다. 유럽에서 봉건제는 천년 동안 지속되었다. 호랑이 담배 피우던 시절에 존재했던 봉건제 사회는 신의 뜻에 따라 움직이는 세상이었다. 따라서 신의 뜻을 알고 이를 전달하는 성직자가 높은 지위를 차지한다. 봉건제 사회에서 세속의 권력을 가진 자는 영주와 귀족이고, 피지배계급인 농노는 생산을 담당했다. 봉건제 사회는 생활에 필요한 물건을 스스로 생산하여 사용하는 자급자족의 경제였다.

그러나 자본주의는 봉건제와 다른 새로운 생산 양식을 가졌다. 자본주의 사회에서는 팔기 위한 물건, 즉 상품을 만든다. 모직 산업이 활발해지면서 모직의 원료인 양털이 많이 필요하게 되었다. 울렌타운의 사자는 양털을 제공하여 돈을 벌려고 한다. 사자가 양을 제외한 다른 동물들을 울렌타운 밖으로 쫓아낸 것은 봉건제에서 자본주의로 바뀌는 과정에서 일어난 사건을 상징적으로 보여 준다. 이것이 인클로저 운동이다. 모직 산업이 활성화되자, 지주계급은 양털을 얻기 위해 농민들을 내쫓고 양을 키운다. 그러면서 봉건제 사회는 사적 소유에 기반한 자본주의 사회로 전환된다. 이런 점에서 인클로저 운동은 자본주의를 촉진시킨 중요한 사건이라고 할 수 있다.

봉건제가 신이 중심인 사회라면, 자본주의는 말 그대로 자본이 중심이 되는 사회이다. 사람들은 모두 자본을 갖고 싶어 하고 자본 앞에서 쩔쩔맨다. 자본이 신이 되는 사고, 즉 물신주의는 자본을 추앙하는 세태를 잘 보여 준다. 자본주의 사회에서 자본가는 지배계급이고, 자본가에게 노동력을 팔기 위해 고용된 노동자는 피지배계급이다.

초기 자본주의 사회를 보여 주는 마을이 부르그빌리지이다. 이 마을은 울렌타운과 같은 봉건제 사회에서 내쫓긴 사람들이 모여서 만들었다. 프랑스어로 성을 의미하는 단어가 '부르그'이고, 그 안에 사는 사람들을 의미하는 단어가 '부르주아지'이다.

이매진빌리지는 서로 다른 철학과 이해관계를 가진 주민들의 정치에 따라 변모한다. 그래서 이곳에서는 동물들 간의 갈등과 전쟁, 타협의 정치가 이루어진다. 실제 역사에 비유하면, 프랑스 대혁명뿐만 아니라 복지국가에 대한 전후 합의 등의 정치가 이루어지는 무대이다. 이곳에서 동물들은 노동권과 사회권을 권리로 자각하고, 비버의 설계도에 대해 토론하고, 이것을 관철하기 위한 정치를 전개한다. 각자 따로 존재했던 마을들은 점차 연결되어 하나의 지구촌을 형성한다. 지구촌이 된 마을에 호랑이 담배 피우던 시절 신의 전령사 역할을 했던 박쥐가 다시 나타난 이유는 무엇일까? 동물들에게 정치적 각성을 촉구하기 위해서가 아닐까.

이매진빌리지를 중심으로 서쪽과 동쪽에는 숲이 존재한

다. 숲은 모의, 반란, 혁명의 장소이다. 서쪽 숲에는 주로 자본주의 사회의 빈곤과 불평등을 비판하는 동물들이 살고 있다. 특히 이곳에 사는 머리에 띠를 두른 띠쥐 부부는 자본주의의 개혁과 혁명을 위한 이론가이자 활동가이다. 동물들은 띠쥐 부부를 멘토로 하여 토론하고 상상하고 결단한다. 동쪽 숲은 정치가의 진지이다. 쫓겨난 호랑이와 사자가 모여 하이에나라는 이론가의 조언을 받으면서 권력을 되찾으려고 모의하는 곳이다.

우화에는 울렌타운, 부르그빌리지, 이매진빌리지 외에 베드타운, 피노키오랜드, 무인도, 마우스랜드 등의 마을이 등장한다. 이 마을들은 밥이 로즈에게 들려주는 이야기 속에 존재하는 가상의 마을이다.

그중 베드타운과 피노키오랜드는 산업화 초기의 사회를 상징한다. 베드타운의 동물들은 먹고살기 위해 힘든 노동을 한다. 취업을 하기 위해 자본가의 요구에 따라 침대에 자신의 몸을 맞추려고 노력한다. 소설 『피노키오』를 참조하여 만든 피노키오랜드는 산업화 시대의 빈민들이 사는 마을이다. 이 마을에는 나무 인형 피노키오와 피노키오를 만든 빈곤 독거노인 재팻또가 살고 있다. 이 마을의 주민들은 기술을 배워 취업하려 하지만 쉽지 않다. 그래서 가난을 벗어나지 못한다.

로빈슨이 정착한 무인도는 소설 『로빈슨 크루소』를 참조하여 설정한 장소이다. 로빈슨은 무인도에 도착했지만 좌절하지 않고 열심히 일한다. 그 결과 그는 섬의 주인이 되어 행복한 삶을 살게 된다.

마우스랜드는 자본주의 정치를 보여 주는 장소이다. 민중들은 선거에서 자신들을 대변하는 대표가 아니라, 고양이나 호랑이 같은 지배자를 선출한다. 지배자들이 자신들을 대변해 줄 것이라고 기대하지만, 현실은 변화되지 않는다. 이 이야기는 캐나다의 정치가 토미 더글러스가 의회에서 연설한 내용에 등장하는 '마우스랜드'를 바탕으로 하고 있다.

등장 동물의 성격과 관계

우화는 이매진빌리지에서 현재까지 이어지고 있는 호사 시대를 살아가는 아빠 밥이 딸 로즈에게 조상 두더지들을 비롯한 동물들의 역사에 대해 이야기해 주는 형식이다. 우화를 이끌어 가는 화자인 두더지 부녀의 이름이 왜 밥과 로즈일까? 아빠의 이름 밥은 빵을, 딸의 이름 로즈는 장미를 의미한다. 빵과 장미는 인간이 살아가는 데 필수적이다. 빵이 생존에 필요한 의식주를 상징한다면 장미는 인간의 존엄, 인정, 권리 등과 관련이 있다. 그렇다면 왜 두더지가 주인공일까? 굴을 파는 습성을 가진 두더지는 산업화 초기의 광부에 비유할 수 있고, 지하에 산다는 점은 반지하방에 사는 도시 빈민을 연상시킨다. 열심히 일하지만 삶이 나아지지 않는다는 점 역시 오늘날 노동자들의 상황과 유사하다.

우화 속 어디에나 존재하는 신사는 자본을 상징한다. 자본은 단순한 돈이 아니라 '돈을 벌 수 있는 돈'을 의미한다. 자본주의 사회에서는 누구나 자본을 열망하고, 그 과정에서 모두 자본의 노예가 된다. 신사는 때로 자선을 행하지만, 그의 궁극적인 관심은 이윤이다. 따라서 신사에게는 자선조차 노동자의 신뢰를 얻고 저항을 막기 위한 일종의 투자이다. 신사는 모든 마을에 나타나서 은밀하게 자본가와 정치가를 움직인다.

표 1. 마을과 마을 주민들

	마을	주민	특징
실제 마을	울렌타운	사자	자본가의 입장을 대변하는 중세의 영주
		양, 돼지, 닭	열심히 일하는 중세의 농노
	부르그빌리지	여우	이윤을 추구하는 초기 자본주의의 자본가
	이매진빌리지	여우/불내여	이윤 추구를 위해 노력하는 자본가/정치가
		두더지	열심히 일하고 불의에 저항하는 민중
	서쪽 숲	띠쥐 부부	민중을 위한 이론을 제공하는 이론가이자 실천가
	동쪽 숲	호랑이, 사자	신자유주의를 옹호하는 정치가
가상의 마을	마우스랜드	고양이, 쥐	통치자인 고양이와 어리석은 쥐
	베드타운	소, 호랑이, 여우	열심히 일하는 소와 정치가 호랑이, 자본가 여우
	피노키오랜드	피노키오, 재팻또	동물이 되고 싶은 나무 인형, 피노키오를 통해 노후를 해결하려는 빈곤 노인
	무인도	로빈슨	소설 『로빈슨 크루소』의 주인공 로빈슨 크루소를 모델로 하는 소

신사가 자본이라면 여우는 자본가이다. 여우는 자본을 상징하는 신사를 추종하고, 그의 지시를 따른다. 항상 재산을 불리는 것에만 관심을 두며, 이를 위해 다양한 전략을 구사한다. 때로 자본주의에 위기가 찾아오면 민중의 눈치를 살핀다. 자본가인 여우가 정치에 뛰어들어 정치가로 변신하는데, 그가 바로 불내여이다. 불내여는 민중의 입장에서 행동하는 것처럼 보이지만, 본질적으로 자본가의 편이다.

　우화에는 불내여 외에도 다양한 정치가들이 등장한다. 정치가는 자본가와 노동자 중 과연 누구의 편을 들까? 정치가는 일반적으로 자신에게 힘이 되어 주는 편에 서서 일한다. 호랑이 담배 피우던 시절의 지배자(영주 혹은 왕)였던 호랑이는 이매진빌리지에서 절대군주로 군림한다. 사자는 울렌타운에서 영주로 등장한다. 이후 호사 시대가 되자 호랑이와 사자는 신자유주의의 자본주의 정치를 주도한다. 한편, 카멜레온은 호사 시대 정치가로 신자유주의를 지지하는 영국의 수상 데이비드 캐머런을 패러디한 것이다.

　우화에는 노동자와 자본가의 이론가들도 등장한다. 띠쥐

부부는 똑똑하고 토론을 즐긴다. 민중이 새로운 상상을 할 수 있도록 독려하고, 그들의 후견인 역할을 한다. 띠쥐 부부는 보편적 복지국가의 설계도인 「소수파 보고서」를 제시한 웹 부부(비어트리스와 시드니 웹)를 상징한다. 비버는 댐을 쌓듯이 공공의 이익을 위한 정책을 제시한다. 비버는 「베버리지 보고서」라는 복지국가의 이론적 틀을 만든 윌리엄 베버리지를 상징한다. 비버는 띠쥐 부부의 제자로서 그들의 생각을 잇고 있다. 한편, 하이에나는 호랑이와 사자에게 이론과 철학을 제공하는 존재이다. 하이에나는 신자유주의 이론가로 「노예의 길」을 집필한 프리드리히 하이에크를 의미한다. 영민한 하이에나는 '탓탓론'을 통해 띠쥐 부부와 비버의 이론에 맞선다.

정치가와 이론가 이외에 다른 동물들은 그 시대의 민중을 상징한다. 단순하지만 낙천적인 돼지와 머리가 나쁘지만 부지런한 닭은 듬직한 민중의 모습을 대변한다. 양은 온순했지만 털을 깎이는 고통을 받으면서 점차 전투적으로 변한다. 열심히 일하는 두더지는 사자와 호랑이, 여우에게 이용당하지만 때로는 이들에게 맞서 싸우며 민중의 중심 역할을 한

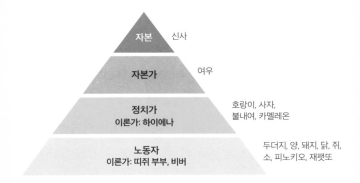

그림 1. 계급 구조

다. 쥐는 현명한 지도자인 띠쥐 부부를 몰라보고, 오히려 지배자의 편에 서서 띠쥐 부부를 쫓아내는 우매한 민중이다. 베드타운에 사는 소는 성실하다. 통치자인 호랑이의 기준, 즉 침대에 자신들을 철저하게 맞추어 간다. 이 과정에서 저항 능력을 상실하고 우매한 민중이 된다. 피노키오는 자유분방하다. 하지만 빈곤한 재팻또의 아들로서 살 것을 강요받으면서 결국 노동자의 길을 택한다. 지배계급에 순응하고 착취당하는 전형적인 노동자이다. 재팻또는 폭력적이다. 이것은 빈곤 때문에 생겨난 성향이다. 생존조차 힘든 현실에서 돈밖에 모르는 동물이 되어 피노키오를 흥신소에 팔아넘긴다.

등장 동물들의 관계를 이해하기 위해서는 먼저 자본주의를 이해할 필요가 있다. 자본주의는 자본이 중심이 되는 사회이다. 자본은 보통의 돈과 다르다. 돈은 의식주를 해결하는 소비에 사용되지만, 자본은 가치를 증식시키기 위한 사업이나 장사의 기본이 되는 돈이다. 즉 자본은 건물이나 땅, 주식, 기계 등을 사는 데 쓰이는 돈을 의미한다. 자본가는 자본을 가지고 있을 때에만 자본가의 신분을 가질 수 있다. 노동자는 자본이 없는 사람으로, 돈을 벌기 위해 자본가에게 고용되어 노동력이라는 상품을 판다.

그림 1에서 보듯이, 가장 높은 계급에 있는 존재는 자본을 상징하는 신사이다. 자본은 자본주의에서 우상과 같은 존재이다. 그래서 무생물임에도 불구하고 가장 높은 신의 자리에 오른다. 이를 빗대어 자본주의를 물신주의라고도 한다. 자본 밑에는 자본가가 위치한다. 우화에서는 여우가 대표적인 자본가이다. 정치가들은 자본가 아래에 위치한다. 그들은 노동자와 자본가 사이에서 눈치를 보며, 힘이 센 쪽으로 자신의

위치를 정한다. 호랑이, 사자, 불내여, 카멜레온 등이 정치가에 속한다. 하이에나는 자본가와 정치가를 위해 이론을 제공하는 존재이다. 노동자는 제일 낮은 계급이다. 두더지, 양, 소, 돼지, 닭 등이 전형적인 노동자이다. 띠쥐 부부와 비버는 노동자들이 행복한 삶을 살 수 있도록 이론을 제공한다.

3. 우화 속 사건과 실제 역사

우화는 실제로 일어났던 역사적 사건을 염두에 두고 만들어졌다. 이야기는 봉건제 시대에서 시작한다. 1장 '호랑이 담배 피우던 시절'에서는 봉건제 사회의 작동 원리에 대해서 다룬다. 2장부터 15장까지는 자본주의의 등장부터 오늘날까지의 역사를 권리의 관점에서 다루고 있다. 2장에서 봉건제에서 자본주의로 바뀌는 상징적 사건인 인클로저 운동을 보여준다면, 15장에서는 코로나19 바이러스가 엄습한 2020년대 상황을 보여 준다. 표 2는 우화의 배경인 역사적 사건을 정리한 것이다. 역사적 사건들에 대한 자세한 설명은 각 장별 해설에서 다룬다.

표 2. 우화에 반영된 역사적 사건

장	우화	역사적 사건
1	호랑이 담배 피우던 시절	성직자, 영주가 지배하던 봉건제 사회
2	양의 비애	자본주의로 전환되는 상징적 사건인 인클로저 운동
3	굴뚝 청소부	산업화 초기 노동자들의 열악한 상황
4	여우와 호랑이	봉건제를 철폐하고 등장한 절대군주 시대
5	어리석은 설렘	부르주아지들이 자유를 얻기 위해 일으킨 프랑스 대혁명
6	행복 동화- 로빈슨 소와 피노키오	자본주의 윤리를 정당화하는 로빈슨 크루소와 피노키오 이야기
7	잔혹 동화-이상한 침대	자본주의에 적응하려는 노동자들의 비참한 상황
8	두더지의 단결	노동자들의 저항인 차티즘, 러다이트, 공장법 제정 운동
9	신사의 간교함	자선과 시혜를 통한 자본가의 자기 정당화
10	띠쥐 부부의 담대한 제안	페이비언 소사이어티의 복지국가를 위한 구상
11	비버의 설계도과 대타협의 시대	「베버리지 보고서」와 좌우파의 합의에 의한 복지국가의 시대
12	누구도 배고프지 않은 사회	사회권을 보장받은 복지국가 시민들의 삶
13	하이에나의 탓탓론	복지국가의 후퇴와 신자유주의의 시대
14	새로운 자선과 불행한 삶	제3의 길과 큰 사회론(big society)의 시대
15	설상가상	코로나 시대의 시민들의 삶

4. 좀 더 깊이 읽기

여는 장: 어리석은 쥐의 비극

역사적 사건

토미 더글러스는 캐나다의 존경받는 정치가 중 한 사람이다. 그는 1961년 서스캐처원주의 주지사로 재임하면서 공공 의료정책을 도입했고, 이것은 캐나다 국가정책으로 확대되었다. 토미 더글러스를 유명하게 만든 것 중 하나가 1962년 의회에서 한 연설이다. 이 연설은 흔히 '마우스랜드' 우화로 알려져 있는 어리석은 쥐들의 이야기이다.[1] 쥐들은 자신들의 대표로 쥐가 아닌 고양이를 뽑는다.

---

[1] 이 이야기는 국내에 『마우스랜드』(책보세, 2011), 『이것이 선거다』(루아크, 2017)로 출간되었다.

우화의 의미

왜 쥐들은 선거에서 자신들을 억압하는 고양이를 대표로 뽑는 것일까? 프레이리는 『페다고지』에서 정복이라는 관점에서 이 현상을 설명한다. 정복이란 지배자가 피지배자의 생각을 지배하는 것을 의미한다.

> "억압자는 세계를 '고찰'하는 피억압자의 능력을 파괴하고자 한다. 그러나 억압자는 그 파괴를 완전히 수행할 수 없기 때문에 세계를 신화화해야만 한다."
> — 프레이리, 『페다고지』, p.165

억압자는 피억압자에게 열등하다는 사실을 끊임없이 주입시킨다. 그 결과 피억압자는 자유를 갖는 것을 오히려 두려워한다. 이런 자유의 공포는 침묵의 문화로 귀결된다.

1장 호랑이 담배 피우던 시절

역사적 사건

이 책에서 '호랑이 담배 피우던 시절'은 봉건제 사회를 의미한다. 봉건제 사회는 신을 중심으로 모든 질서가 만들어졌다. 신의 목소리가 중요했고, 이를 전달하는 존재가 성직자였다. 그 시대에는 권력과 땅이 모두 신의 것이었다. 따라서 왕권도 신이 주었다는 의미의 왕권신수설이 받아들여졌다. 땅은 인간이 소유하는 것이 아닌 점유하는 대상이었다.

이런 봉건제 사회가 오늘날의 사회와 어떻게 다른지 이해하기 위해서는 봉건제와 자본주의를 비교해 보아야 한다. 근대 시대로 접어들면서 신에서 인간으로 중심축이 이동했다. 인간은 생각하고, 소유하고, 권력을 가진 존재라는 사상이 생겨났다. 데카르트의 "나는 생각한다. 고로 존재한다."라는 말은 인간이 신의 생각을 무조건적으로 따르는 존재가 아니라 스스로 생각할 수 있는 존재임을 나타낸 것이다. 인간이 노동으로 가치를 창출한다는 노동가치설은 사적 소유의 이론적 근거가 되었다. '모든 권력은 국민으로부터 나온다'는 국민주권설은 권력의 이동을 정당화했다. 이런 생각과 만난 것이 자본주의이다. 자본주의는 노동을 통해 얻은 개인 소유의 자본이 중심이 되는 사회이다. 인간의 사적 소유가 가능하고, 시장에서 경쟁적으로 자신의 상품을 팔아 이윤을 얻는다.

우화의 의미

우화에서 호랑이 담배 피우던 시절이 상징하는 봉건제 사회는 땅도, 생각도, 권력도 모두 신이 갖고 있었다. 우화 속 호랑이는 세속 권력을 가진 영주나 왕을 상징한다. 그렇다면 박쥐가 상징하는 것은 누구일까? 바로 성직자이다. 현재 지구상에 서식하는 박쥐는 900종 가까이 된다. 야행성인 박쥐는 눈이 퇴화되었으나, 초음파를 이용해서 날아다니고 먹이 활동을 한다. 다양한 종류와 특이한 특성 덕분에 박쥐는 여러 가지 이미지를 지니고 있다. 황금 박쥐, 흡혈귀, 간에 붙었다 쓸개에 붙었다 하는 기회주의자, 신의 전령사, 새끼를 많이 낳는 다산의 상징, 몸에 많은 바이러스를 품고 있는 바이러스의 댐 등이 그것이다.

우화에서는 박쥐의 다양한 이미지 중에서 신의 전령사라는 측면과 많은 바이러스를 몸에 품고 있다는 측면에 초점을 맞추었다. 1장에서는 박쥐가 신의 전령사로 성직자에 비유되지만, 15장에서는 인간에게 경고를 하기 위해 바이러스를 퍼뜨리는 존재로 등장한다.

2장 양의 비애

역사적 사건

봉건제와 자본주의는 완전히 다른 원리를 갖고 있다. 봉건제 사회에서는 영주도 신의 땅을 점유하고 있을 뿐 소유한 것은 아니었다. 하지만 자본주의는 다르다. 사적 소유를 기반으로 하는 사회이기 때문이다. 사적 소유라는 개념은 자본주의가 발생하면서 생겼다. 봉건제와 자본주의는 생산의 원리도 다르다. 봉건제는 자기가 만들어 자기가 소비하는 자급자족의 경제였다. 그러나 자본주의는 팔기 위해 상품을 만들고, 상품 판매를 통해 이윤을 얻는다. 이러한 자본주의의 원리는 인클로저 운동을 통해 전 유럽으로 확산되고, 부르주아지는 새로운 세상의 경제 주체가 된다.

인클로저 운동은 자본주의의 등장과 모직 산업의 발달로 생겨난 현상이다. 양털의 수요가 급증하자 지주들은 양을 방목하기 위해 농민들을 강제로 쫓아낸다. 쫓겨난 농민들은 도시로 갔지만, 그곳에서도 마땅히 살아갈 방법이 없었다. 그래서 도둑, 부랑자, 강도로 전락한다. 이 모습을 토마스 모어는 『유토피아』라는 책을 통해 고발한다. 책에 등장하는 상징적인 표현이 "양이 사람을 잡아먹었다."이다.

봉건제 사회의 영주는 농민들에게 땅을 나눠 주고, 위기가 닥치면 가부장적 아버지처럼 농민들을 보호했다. 하지만 자본주의 사회의 자본가는 노동자에게 땅이나 자본을 나누어 주지도 않을 뿐더러, 공장에 위기가 닥치면 노동자를 해고했다. 따라서 중세의 농민들은 자본주의로 전환되면서 신분은 자유로워졌지만 삶은 오히려 위험해졌다.

우화의 의미

마을 이름 울렌타운에 '울(wool)'이 들어간 것은 모직 제조에 쓰이는 양털을 생산하는 마을임을 나타내기 위해서다. "이제부터 이 땅은 내 것이다."라는 사자의 말은 사적 소유의 관념이 생겼다는 것을 의미한다. 또한 돼지와 닭이 양과 대립하는 것은 노동자들끼리 각자 자기 살길을 찾기 위해 분열되었음을 보여 준다. "사자가 아니라 양이 우리를 잡아먹은 거야!"라는 말은 토마스 모어의 "양이 사람을 잡아먹었다."는 표현을 암시한다. 이 모든 일의 이면에는 자본주의의 등장이 있다. 그리고 자본주의의 주인공인 자본은 우화에서 신사로 묘사된다.

3장 굴뚝 청소부

역사적 사건

봉건제 사회에서 생산의 동기는 영주와 농노의 필요성에 있었다. 그러나 자본주의는 팔기 위해 상품을 생산했기 때문에, 생산의 동기가 이윤을 얻기 위함이다. 봉건제 사회에서 영주를 피해 떠나온 자들이 마을을 만들고, 마을에 담을 쌓아 성을 만들었다. 성안의 마을은 번창했다. 부르주아지의 부는 점점 쌓여 갔고, 부를 가진 자들을 시민이라고 불렀다. 원래 성에 사는 프랑스 시민들을 의미했던 부르주아지는 이제는 자본가 계급을 뜻하는 말이 되었다.

그러나 부르주아지에게 고용되어 일하는 노동자들은 부를 나누어 가질 수 없었다. 그들은 죽도록 일했지만 저임금에 건강 악화로 삶은 피폐해졌고, 그런 삶은 다음 세대로도 이어졌다. 당시 한 지역에 사는 부르주아지의 평균수명이 50살이었던 반면, 노동자들의 평균수명은 19살에 불과했다는 보고가 있을 정도로 격차가 컸다. 이는 노동자와 부르주아지의 삶이 질적으로 얼마나 큰 차이가 있는지를 말해 준다. 이처럼 초기 자본주의는 노동자들과 민중의 피를 머금고

성장했다.

우화의 의미

우화 속 두더지가 자본주의 초기의 탄광 노동자를 의미한다면, 여우는 자본가를 의미한다. 여우는 두더지가 살고 있던 땅을 '부르그'라고 명명하고, 두더지에게 시민으로 인정해 줄 테니 석탄을 가져오라고 요구한다. 두더지는 여우의 요구대로 석탄을 캐다 바치지만, 그에 대한 충분한 대가를 받지 못한다. 그 결과 두더지들은 더 고된 노동을 해야 했고, 병까지 얻게 된다. 반면 여우는 많은 이윤을 얻기 위해 상품을 생산할 노동력이 더 필요해졌고, 신사는 닭과 돼지를 여우에게 인계한다.

4장 여우와 호랑이

역사적 사건

인클로저 운동으로 부르주아지는 경제적 주체가 되었다. 하지만 봉건제는 부르주아지의 경제 활동에 장애물이었다. 상품을 팔려고 가는 곳마다 봉건제의 영주들이 세금을 걷으며 상품 유통의 자유로운 흐름을 방해했기 때문이다. 그래서 부르주아지는 영주를 견제하기 위해 군주에게 자신의 돈을 바쳤고, 군주는 이 돈으로 군대와 관료제를 운영했다. 근대 국민국가가 탄생하는 계기가 만들어진 것이다. 결국 군주는 봉건제를 해체한다. 부르주아지는 승리했다고 생각했지만, 실상 승리의 과실은 군주와 구질서의 지배 세력에게 돌아갔다. 군주가 귀족들과 성직자를 그대로 유지했기 때문이다. 오히려 군주는 절대군주가 되어 더 많은 세금을 부르주아지에게 부과했다.

우화의 의미

우화에서 호랑이는 절대군주이고, 사자는 봉건제의 영주를 상징한다. 자본가인 여우는 호랑이를 찾아가 사자의 지배 질서를 해체해 줄 것을 요구한다. 싸움 끝에 호랑이가 승리했지만 여우는 여전히 정치적 주체가 될 수 없었다. 게다가 절대 권력을 쥐게 된 호랑이는 오히려 여우에게 더 많은 것을 요구한다.

역사적 사건

경제적 주체가 된 부르주아지는 이제 정치권력을 탐한다. 절대군주가 과도한 세금을 부과하고, 자신들의 권리를 억압했기 때문이다. 결국 자본가들이 중심이 되어 프랑스 대혁명을 일으킨다. 자본가들은 혁명을 통해 삼권분립 등의 새로운 정치체제와 정치에 참여할 권리인 자유권과 정치권을 획득한다. 이제 자본가들은 정치권력도 갖게 되었다. 한편, 프랑스 대혁명이 일어나자 노동자들도 적극적으로 혁명에 참여한다. 당시 노동자들의 삶은 너무도 힘들었다. 그래서 혁명이 자신들의 처지를 개선해 줄 것이라는 희망을 가지고 참여한 것이다. 하지만 프랑스 대혁명 이후 노동자들이 얻은 것은 없었다. 선거권이 재산에 비례해서 주어졌기 때문에 노동자들은 선거권을 가질 수 없었다. 당시 인구의 5%만이 선거권을 가졌다. 혁명 이후에도 노동자들은 이전과 다를 바 없이 공장에서 비참하게 일을 해야만 했다.

우화의 의미

여우(자본가)는 자신을 괴롭히는 호랑이(절대군주)를 두더지(민중)의 도움을 받아 죽인다. 우화 속 "왕이 죽었다"는 표현에서, 왕은 루이 16세와 마리 앙트와네트 왕비를 의미한다. 혁명의 상황에서 실질적으로 싸운 것은 두더지였다. "누구든지 기회를 평등하게 보장하겠다."는 표현처럼, 혁명 이후 모두에게 시민권이 주어질 것처럼 보였다. 하지만 여우는 돈이 있는 자들에게만 시민권을 허용했다. "가격이 떨어졌다느니, 품질이 좋지 않다느니, 양이 부족하다느니 갖은 핑계를 대며 시민권을 주지 않았다."는 표현은 이런 상황을 은유적으로 나타낸 것이다. 결국 두더지는 아무것도 얻지 못한 채 여전히 땅을 파며 일을 해야만 했다. 다시 말해서 노동자들은 변함없이 힘든 노동에 시달렸다.

6장 행복 동화-로빈슨 소와 피노키오

역사적 사건

부르주아지가 경제적 주체가 된 사건이 인클로저 운동이라면, 부르주아지가 정치적 주체가 된 계기는 프랑스 대혁명이다. 이 두 사건을 통해 부르주아지는 명실상부한 역사적 주체가 되었다. 하지만 노동자들은 여전히 인간 이하의 삶을 살아야만 했다. 이런 상황에서 노동자들은 살기 위해 저항할 수밖에 없었다. 그렇다면 노동자들의 저항을 어떻게 막을 수 있을까? 바로 '이야기'를 통해서이다. 부르주아지들은 자신들의 부가 정당한 것이며, 누구나 노력하면 자신들처럼 될 수 있다는 신화를 만들었다.

대니얼 디포의 소설 『로빈슨 크루소』의 로빈슨 크루소는 이웃 농장주들과 함께 노예무역에 뛰어든다. 당시의 노예무역을 삼각무역이라고 불렀다. 삼각무역이란 유럽에서 생산한 공산품을 싣고 아프리카에 가서 값싸게 노예를 산 다음, 북아메리카 대륙이나 서인도제도에 가서 노예를 팔고, 그 곳의 물품을 사서 돌아오는 형태의 무역이다. 소설 『로빈슨 크루소』는 당시 부르주아지 남성들에게 큰 인기를 얻었다. 이 소설이 부르주아지의 부를 로빈슨 크루소처럼 열심히 일해서 번 것이라고 말해 준다고 생각했기 때문이다.

자본주의 사회에서 열심히 노력하면 부자가 될 수 있다고 말하는 또 다른 이야기가 있다. 바로 우리에게 친숙한 『피노키오』이다. 우리는 카를로 콜로디의 소설 『피노키오』가 착하게 살라는 교훈을 주는 아름다운 동화라고 생각한다. 하지만 이 소설은 자본주의 등장과 산업혁명 시기에 노동자들이 더 열심히 일하도록 독려하는 책이었다. 소설에는 기숙학교에 가서 열심히 일을 배우라는 내용이 담겨 있었고, 소설의 주인공 피노키오는 일을 해서 가족을 부양해야만 했다. 결국 이 소설은 산업화 시기 노동자들의 노동 윤리와 가족 윤리를 담은 '자본주의 규율서'라고 할 수 있다.

우화의 의미

로빈슨은 로빈슨 크루소를 은유적으로 표현한 것이다. 배가 난파되어 무인도에 도착한 로빈슨은 살기 위해 집을 짓고 농사도 지으면서 열심히 일한다. 자본을 상징하는 신사는 로빈슨의 이야기를 책으로 만들어 열심히 일하면 부를 얻을 수 있다고 동물들에게 말한다.

우화의 피노키오는 여우 노인 재팻또가 만든 나무 인형이다. 노인의 이름 재팻또는 소설 『피노키오』에 나오는 '제페토'를 변형한 것이다. 소설 속 제페토는 가정 폭력을 휘둘러 부인과 아이들이 집을 나가 홀로된 빈곤 독거노인이다. 이처럼 원작에서 제페토는 인자한 할아버지가 아니라 폭력적인 존재로 묘사되고 있다. 제페토는 자신을 부양해 줄 나무 인형을 만들어 피노키오라는 이름을 붙인다. 우화에서 요정은 피노키오에게 어떤 존재일까? 요정은 아이들에게 노동 윤리와 가족 윤리를 가르치는 역할을 담당한다. 원작에서 피노키오가 인간이 되었다는 것은 이러한 윤리를 익혀 실천하는 존재가 되었다는 것을 의미한다. 우화에서 피노키오가 "내가 진짜 동물이 되었다."라고 외치면서도 "왠지 마음 한구석에 찜찜함이 남았다."라고 한 이유는 노동자들의 당시 상황을 비판적으로 보여 주기 위해서이다. 우화에서 피노키오가 굴뚝 청소와 탄광 일을 하는 이야기와 흥신소 이야기는 원작에는 없는 내용으로, 소설 『피노키오』의 본질을 더 잘 드러내기 위한 것이다. 흥신소 사장은 자본을 의미하는 신사이다.

    이상에서 보듯이 자본주의 사회인 이매진빌리지는 이야기를 통해 로빈슨과 피노키오를 모범적인 본보기로 제시한다. 로빈슨과 피노키오처럼 열심히 일하면 부자가 될 수 있다고 말이다.

7장 잔혹 동화-이상한 침대

역사적 사건

인클로저 운동 이후 노동자로 전락한 사람들의 삶은 비참했다. 이 당시의 아이들은 보통 세 살 때부터 일을 했다. 굴뚝 청소를 하거나 탄광이나 방적 공장에서 하루 15시간가량을 일했다. 특히 성냥 공장에서 일하는 아이들은 성냥의 원료였던 독성 물질인 황린으로 인해 턱뼈가 무너지는 인 괴사에 시달렸다. 그 당시 노동자들의 평균수명이 19세 전후였다는 것은 노동자들이 어린 나이부터 노동에 시달리다 일찍 목숨을 잃었다는 것을 말해 준다. 그렇지만 먹고살기 위해서는 공장에서 일을 해야만 했기에 노동자들은 부당한 질서에 적응하기 위해 노력했다.

우화의 의미

로빈슨 소와 피노키오 동화를 통해 신사는 행복 동화를 전파하고자 했다. 그런데 현실은 어떨까? 아무리 열심히 일해도 성공하기는커녕 빈곤의 늪을 벗어나지 못한다. 현실은 행복 동화가 아니라 잔혹 동화에 더 걸맞다. 이상한 침대 이야기도 이러한 현실을 빗댄 잔혹 동화이다.

　우화에서 소들은 봉건제 사회의 농민을 상징하고, 호랑이는 영주를 상징한다. 호랑이가 사냥을 갔다가 만난 여우는 자본가이다. 도시에서 자본주의가 발전하자 호랑이는 여우의 말을 듣고 농촌을 자본주의 사회로 바꾸려고 한다. 침대는 호랑이가 운영하는 공장을 상징한다. 공장이 건설되자 소들은 더 많은 돈을 벌고, 더 좋은 제품을 갖기 위해 공장에 취업하려 한다. 하지만 호랑이는 엄격한 잣대를 내세워 소들을 선별한다. 요즘 말로 스펙을 요구한다. 그러나 소들이 잣대를 맞추기란 쉽지 않다. 입사할 때 조건을 갖추었다 할지라도 곧 고용조건이 변하기 때문에 해고되기 십상이다. 소들이 항의해 보지만 호랑이가 들어줄 리 만무하다. 침대에 대한 비유는 그리스·로마 신화의 프로크로스테스 침대에서 비롯된 것이다. 산적 프로크로스테스는 사람을 잡아다가 침대에 눕혀서 침대보다 키가 크면 다리를 자르고, 침대보다 키가 작으면 다리를 늘려서 죽였다고 한다. 노동자들의 운명이 이와 같다. 공장의 기준에 맞춰야 취업이 되는데 쉽지 않다. 운이 좋아 기준에 맞췄다 하더라고 오래가지 못하는 것이 현실이다.

역사적 사건

자본주의하에서 노동자들은 열심히 일해도 삶은 나아지지 않고 자본가만 부유해졌다. 이런 상황에서 기계화까지 진행되면서 많은 노동자들이 일자리를 잃었다. 노동자들은 실직의 원인이 기계라고 생각하고 기계를 부순다. 이것이 러다이트 운동이다. 하지만 이 모든 현실의 이면에는 자본가가 있었다. 그리고 더 큰 문제는 정부가 노동자들의 편이 아니라 선거권이 있는 자본가들의 편을 들고 있다는 점이다. 그래서 노동자들은 선거권을 달라고 요구한다. 노동자들이 정치 참여를 선언한 것이다. 이것이 차티즘 운동이다. 이 운동은 남성 노동자를 시작으로 여성까지 선거권을 갖게 되면서 성공을 거둔다. 이에 더해 노동자들은 공장에서 노동조건을 개선하기 위해 노력한다. 공장법 제정 운동을 벌인 끝에 아동노동 금지라는 결과를 얻어냈다. 이상에서 보듯이 러다이트 운동, 차티즘 운동, 공장법 운동 등은 노동자들이 자신들의 처우와 지위를 개선하기 위해 벌인 역사적인 활동이었다. 하지만 이 활동들은 근본적인 변화를 이끌어 내는 데는 한계가 있었다.

우화의 의미

우화에서 "동작이 느린 늙은 두더지들은 기계에 깔려 다치기도 했다."는 표현은 산업재해를 의미한다. "기계를 부수자!"는 선언은 러다이트 운동을 나타낸 것이다. "투쟁에 당황한 것은 기계가 아니라 여우였다."는 표현은 자본가가 기계와 생산 결과물을 모두 소유했다는 것을 말해 준다. '차티즘 운동'은 차티즘 운동을 패러디한 것이다. 어린 두더지들을 보호하라는 요구 사항을 추가한 것은 공장법 운동이 아동 노동 금지를 주장했다는 것을 보여 주고자 한 것이다. 마지막의 "그러나 그뿐이었다."라는 언급은 공장법 운동의 한계를 지적하고 있다.

9장 신사의 간교함

역사적 사건

자본주의하에서 노동자들은 열심히 일해도 부자가 되기 어렵다. 노동자들은 장시간 노동과 저임금에 노출되어 있었고

실업, 질병, 노령 등의 상황에 처하게 될 경우 이들의 삶은 더욱 힘들어졌다. 이처럼 개인이 아무리 노력해도 자본주의의 구조, 자본과 노동의 권력관계 등의 이유로 빈곤을 극복하기 어려웠다.

초기 자본주의 사회에서는 노동자들의 빈곤이 개인의 노력 부족이나 의존성 때문이라고 보았다. 가난의 원인을 개인의 탓으로 본 것이다. 이런 관점에서 정부는 가난한 사람에게 도움을 주되 최소한으로 도와줘야 한다고 생각했다. 그래서 만든 법이 「빈민법(Poor Law)」이다. 그동안 한국 학계에서는 「빈민법」이 「구빈법」으로 번역, 통용되었다. 그러나 이 책에서는 '빈민을 구한다'는 의미의 「구빈법」이 아니라 중립적인 의미의 「빈민법」으로 번역했다. 「빈민법」은 빈민을 엄격하게 선별하여 최소한으로 원조해야 한다는 태도를 취한다. 이때 원조를 받는 자들을 일반인들과 달리 열등하게 대우하라는 '열등처우의 원칙'도 담고 있다. 이것을 선별주의 복지 또는 잔여주의 복지라고 한다. 정부는 법적으로 최소한의 도움을 주는 한편 개인의 자선을 강조한다. 시민이 자발적으로 시민을 도와야 한다는 것이다. 역사적으로 자선조직협회(COS, Charity Organization Society)는 우애방문단

(friendly visitor)을 파견하여 자선을 행했다. 자선은 자본가의 이미지를 좋게 만들 뿐만 아니라 세금 감면까지 받을 수 있었다. 특히 노동자들의 저항을 무마할 수 있다는 점에서 자본가들에게 결코 나쁘지 않은 선택이었다.

우화의 의미

자본을 상징하는 신사는 노동자(두더지)들이 자본주의를 비판하면서 저항하자, 이를 무마하기 위해 자선을 베푼다. 이윤과 사업에만 관심이 있던 신사는 자선 사업가의 모습으로 두더지들에게 다가선다. 그래서 우화에서는 자선을 '자기 선방'으로 표현했다. 한편 정부 차원에서는 「두빈법」, 즉 '두더지 빈민을 구하는 법'을 만들었는데, 이것은 「빈민법」을 비유적으로 표현하기 위해 만든 용어이다. 「두빈법」에 적용된 것으로 나오는 열등처우의 원칙 또한 실제 「빈민법」에 담겨 있는 내용이다.

역사적 사건

사회복지는 잔여주의와 제도주의로 나뉜다. 잔여주의는 취약계층을 선별하여 이들에게만 최소한의 복지를 제공하는 것이다. 반면 제도주의는 모든 시민을 대상으로 사회적 위험에 맞서는 제도를 만든다. 예를 들어 질병·무지·소득결핍·불결·나태 등에 대비하기 위해 국가가 공공의료·의무교육·소득보장·공공주택·완전고용 등의 제도를 설계한다. 잔여주의가 제도주의로 바뀌는 결정적인 계기는 인식의 변화였다. 우리가 살아가면서 만나는 위험이 개인이나 가족의 책임이 아니라 사회나 국가의 책임이라는 인식의 변화! 이런 변화를 만든 계기는 찰스 부스의 사회조사였다. 당시 런던 시민들을 조사한 결과 빈곤층이 30%가 넘었고, 그 원인이 저임금·노령·장애 등 사회적 요인에 있었다.

찰스 부스의 조사에 참여했던 비어트리스 웹은 나중에 이 경험에 기반하여 「소수파 보고서」를 작성한다. 이 보고서는 찰스 부스의 조사보다 한 걸음 더 나아가 교육이나 의료 등을 국가가 책임져야 한다고 명시하고 있다. 웹은 남편인 시

드니 웹과 함께 사회복지뿐만 아니라 협동조합, 노동조합 등
에 대한 연구·저술 활동을 통해 영국의 복지국가와 사회운동
의 이론적 기틀을 만들었다. 더 나아가 이들은 비슷한 생각
을 가진 사람들과 함께 '페이비언 소사이어티'를 만들었고,
노동당에 적극 참여했다. 특히 런던정경대학(LSE)을 만들어
정책 생산과 교육에 힘썼다. 웹 부부와 함께 이 모든 것을 추
진한 페이비언 소사이어티는 영국 진보 세력에게 이론을 제
공했을 뿐만 아니라 실천의 원형을 보여 주었다.

우화의 의미

띠쥐 부부는 웹 부부를 패러디한 것이다. 「띠쥐 부부의 상상」
은 비어트리스 웹이 주도한 「소수파 보고서」를 의미한다. 실
제로 웹 부부는 오전에는 토론을 하고, 오후에는 실천을 했
다. 두더지 대표단의 "왜 우리는 열심히 일하는데도 항상 가
난할까요?"라는 질문에 띠쥐 부부는 한 명의 부자가 만들어
지기 위해서는 노동자를 포함한 사회 전체의 힘이 필요하고,
노동자가 소중한 존재라는 생각을 이끌어 내면서 가난이 사
회적 문제임을 지적한다. 특히 노동자들의 단결을 강조하며
'상상상협회' 창립을 이끄는데, 이 협회는 페이비언 소사이어

티를 모델로 한 것이다.

11장 비버의 설계도와 대타협의 시대

역사적 사건

베버리지는 비어트리스 웹이 「소수파 보고서」를 작성할 때, 이 연구에 조사원으로 참여했다. 그리고 제2차 세계대전 이후 영국 정부의 재건 프로젝트에 위원장으로 참여하여 보고서를 제출한다. 일명 「베버리지 보고서」이다. 이 보고서는 보편주의 복지국가의 계획을 담고 있다. 보고서가 나온 1942년에 보수당의 리더였던 처칠은 보고서의 내용에 부정적이었다. 하지만 노동당은 전후 계획으로 이 보고서 채택을 결의했다. 전쟁이 끝나자 처칠은 전시 내각인 연립정부를 해산하고 새로운 정부 구성을 위한 선거를 실시했다. 선거에서 노동당이 압도적으로 승리하면서 노동당은 창당 이래 처음으로 단독으로 집권할 수 있었다. 영국의 시민들은 전쟁 중에 안정적인 식량 배급을 받았고, 귀족과 노동자가 전우가 되어 전쟁을 치르면서 서로 평등하다는 것을 경험했기에 기존 체제로 돌아가고 싶지 않았다. 시민들의 이런 의식 변화가 노동당의 승리로 이어진 것이다.

시민들이 변화하자 「베버리지 보고서」에 반대하던 보수당도 복지국가를 지지하는 쪽으로 방향을 변경했다. 따라서 보수당과 노동당의 정책이 유사해졌고, 양당의 합의가 이루어졌다. 이것을 '전후 합의'라고 부른다. 그리고 보수당의 재무장관 버틀러와 노동당의 재무장관 가이츠켈의 이름을 합친 '버츠켈리즘'이란 용어가 생겨났다. 이 표현은 전후 합의를 상징적으로 보여 주는 것이다.

우화의 의미

여우는 자본가, 두더지 등은 노동자, 호랑이와 사자는 히틀러 등의 파시스트를 의미한다. 호랑이와 사자가 전쟁을 일으키자 여우와 두더지, 즉 자본가와 노동자가 협력하여 이들에게 맞선다. 이는 제2차 세계대전을 표현한 것이다. 띠쥐 부부의 제자인 비버는 베버리지를 의미한다. 비버는 베버리지와 이름이 비슷하다. 게다가 댐을 잘 쌓아 '자연의 목수'라고 불리는 비버의 습성이 국가가 사회적 위험에 대비해야 한다고 강조한 베버리지의 주장을 연상시킨다.

역사적 사건

자본주의 체제 아래에서 위험의 범위가 넓어졌다. 자본주의 이전에는 대가족과 마을이 위험에 공동으로 대응할 수 있었다. 농경 사회에서는 돌봄, 주거, 일자리 등을 상호 의존하였다. 그러나 자본주의 사회에서는 산업화로 삶의 기반인 대가족이 해체되고, 위험의 성격도 바뀌었다. 실업, 노령, 저출생 등이 사회적으로 문제가 되었고, 국가가 이를 해결하고자 했다. 이것이 복지국가이다. 잔여주의 복지국가는 위험이 지나간 후, 어려운 상황에 처한 사람들을 선별해서 사회복지 서비스를 제공한다. 반면 보편주의 복지국가는 주요한 위험을 미리 대비할 수 있는 방어막을 만든다. 「베버리지 보고서」는 질병·무지·소득결핍·불결·나태 등의 사회적 위험 목록을 제시했다. 또한 사회적 위험이 시민들을 공격하지 못하도록 할 책무를 국가에게 부과했고, 시민은 이것을 국가에 요구할 권리가 있다는 것을 명시하였다.

어떤 상황에서든 최소한의 빵이 제공된다면 사람들은 연대할 수 있는 여유가 생긴다. 이 연대로 사회적 위험에 함께 맞설 수 있다. 또한 배고프지 않게 되면 사람들은 각자의 개성과 능력을 발휘하여 의미 있는 삶으로 한발 나아갈 수 있다. 이런 점에서 빵과 장미는 연동되어 있다.

우화의 의미

우화에서는 베버리지를 비버에 비유했고, 「베버리지 보고서」를 「비버의 혜안」으로 바꿨다. 위험에 대한 국가의 예방책은 비버의 댐으로 비유했다. 이 댐 덕분에 위험이 닥쳐도 어느 누구도 삶의 질이 떨어지지 않는다. 빵을 얻지 못할 것이라는 생존에 대한 걱정이 사라지면 어떤 현상이 벌어질까?

> "여우 앞에서 하고 싶은 말을 하면서 자기를 표현하게
> 된 거야. 자기들의 조직을 만드는 것도 두려워하지 않게
> 되었지."(p.150)

인용문에서 보듯이 동물들은 자기 목소리로 말할 수 있고, 자신들의 조직도 만들 수 있게 되었다.

13장 하이에나의 탓탓론

역사적 사건

서유럽의 보편주의 복지국가는 1970년대부터 위기에 직면한다. 복지국가의 원동력인 경제성장에 문제가 생긴 것이다. 1973년과 1979년에 발생한 석유 파동(오일 쇼크)은 복지국가 운영에 치명타를 입혔다. 경기 불황 중에는 물가가 하락하는 것이 정상인데, 고유가로 인해 물가가 상승하는 소위 스태그플레이션 현상이 나타났다. 물가가 오르자 노동조합은 임금 인상을 요구했고, 정부가 이를 들어주지 않자 파업으로 맞섰다. 보수당은 이 기회를 틈타 복지국가를 비판했다. 이때 이론을 제공한 이가 하이에크이다. 그는 『노예의 길』이라는 책을 통해 복지국가가 시민의 의존성을 심화시켰고, 이것이 경제문제의 근본 원인이라고 비판했다. 즉 복지국가가 시민들을 노예로 만들고 있다는 주장이다. 하이에크의 이론을 바탕으로 집권한 이가 영국의 대처 수상과 미국의 레이건 대통령이다. 대처는 개인이나 가족 외에 대안이 없다는 TINA(There Is No Alternative!)를 주장했다. 이는 더 이상 실체가 없는 사회를 탓하지 말고, 개인과 가족이 스스로를 책임져야 한다는 주장이다. 결국 대처의 집권으로 영국의 복지체제는 큰 변화에 직면한다. 그는 우선 모든 공기업과 공공주택을 시장에 내놓았다. 그러자 이를 구입한 중산층이 대처를 지지하기 시작했다. 대처는 한술 더 떠서 지방세도 재산이 아니라 사람 수에 비례해서 걷는 인두세를 도입했다. 이로 인해 시민들의 삶은 더 힘들어졌다. 그러나 시민들은 불평등과 부당한 질서를 문제 삼기보다 이민노동자와 유색인종을 문제의 원인으로 생각했다.

여는 장에 대한 해설에서 소개한 토미 더글러스는 의회 연설에서 이런 상황을 마우스랜드에 비유하면서 복지국가로 가는 것이 왜 힘든지를 보여 준다. 쥐의 삶이 힘들어진 이유는 고양이 정부를 선택했기 때문이라고 비판하며 시민들의 자각을 촉구한다. 토미 더글러스의 마우스랜드 비유는 트럼프의 등장에도 적용할 수 있다. 미국의 트럼프 대통령은 부동산 재벌이다. 그는 부동산 투자로 집값을 올리고 카지노 사업을 통해 돈을 벌었다. 그럼에도 불구하고 시민들을 그를 지도자로 선택한다. 트럼프는 이민노동자와 흑인, 히스패닉, 아시안 등 유색인종의 존재를 생활고의 원인으로 지목하였고, 저소득층 백인 남성 노동자들은 이에 열광하였다. 이런 현상이 미국뿐만 아니라 유럽에서도 보편적으로 일어나고 있다는 점을 들어 학계에서는 민주주의가 퇴보하고 있다고 보았다. 지그문트 바우만 등의 석학들은 『거대한 후퇴』라는 책에서 이를 진단하고 대안을 모색한다.

우화의 의미

우화에서 신사가 데리고 온 이론가 하이에나는 신자유주의 이론가 하이에크를 상징한다. 『내 탓은 동물의 길, 남 탓은 노예의 길』이라는 책을 통해 하이에나가 주장한 일명 '탓탓론'은 하이에크의 『노예의 길』을 패러디한 것이다. 이매진빌리지의 가뭄은 경제 위기를 의미하고, 생수는 석유를 비유적으로 표현한 것이다. 위기가 지속되자 여우는 복지국가를 이탈하는데, 이때 여우는 중산층을 의미한다.

호랑이는 영국의 대처와 미국의 레이건 그리고 트럼프 등 신자유주의 정치가를 상징한다. 호랑이의 집권에 기여한 두더지들은 저소득층 백인 남성 노동자를 표현한 것이다. 트럼프의 대통령 당선은 저소득층 백인 남성들의 지지에 크게 힘입었는데, 이때 그의 정책은 이민노동자와 유색인종, 여성에 대한 공격에 기반하고 있다. 우화에서는 두더지와 호랑이의 기묘한 결합을 통해 이를 은유적으로 보여 주고자 했다.

14장 새로운 자선과 불행한 삶

역사적 사건

영국의 대처 수상은 12년(1979~1990)동안 집권했다. 대처 이후에도 보수당이 7년을 더 집권하였고, 그러는 동안 노동당은 지쳐 갔다. 그래서 노동당은 당내 우파인 젊은 토니 블레어를 당수로 내세웠다. 블레어는 대처를 존경했지만, 그의 이론을 지지하지는 않았다. 블레어는 사회학자 앤서니 기든스의 이론적 도움을 받아 '제3의 길'을 내세웠다. 그는 제3의 길이 신자유주의와 사회민주주의의 사잇길이라고 주장했다. 즉 대처와 기존 복지국가의 중간에 위치한 길을 가겠다고 선언한 것이다.

　제3의 길은 기존 복지국가의 무분별한 복지 제공을 금지하고, 꼭 필요한 곳에만 복지를 제공하는 것을 모델로 한다. 즉 일을 하려고 할 때 그 일을 배우는 데 드는 비용을 정부가 부담하겠다는 것이다. 그래서 이것을 기존의 welfare와 비교하여 workfare, 일을 위한 복지라고 한다. 이 입장에 따르면, 정부의 복지 혜택을 받으려면 계속 일을 하겠다는 의사가 있어야 하고 이를 증명해야 한다. 블레어는 집권 후 노동당의 상징이었던 당헌 4조를 폐기한다. 노동당은 복지국가 설립을 영국 사회에서 실현 가능한 진보주의 모델로 보는 정당이다. 따라서 '생산수단의 공적 소유를 지향한다'는 사회주의적 이상을 담은 당헌 4조는 상징적인 조항에 불과했다. 그럴지라도 이것을 폐지했다는 것은 노동당의 노선이 크게 달라졌음을 의미한다.

한편, 블레어는 노동조합의 힘을 약화시키는 조치를 취한다. 대표적인 예가 블록 투표 폐지이다. 블록 투표는 100명의 조합원이 투표하여 찬성 60, 반대 40일 경우, 노동조합 위원장은 찬성 100으로 의견을 제시할 수 있는 제도이다. 블록 투표가 폐지됨에 따라 노동조합들은 한목소리를 내기 힘들어졌고, 그만큼 노동조합의 정치적 영향력은 약화되었다.

영화 〈나, 다니엘 블레이크〉는 블레어 정부 아래에서 복지수당을 받는 것이 얼마나 힘든지를 보여 준다. 이 영화는 심장병에 걸린 노동자가 복지 혜택을 받기 위해 심장병이 일을 할 수 없는 병이라는 것을 입증하다 사망한 실제 사례를 영화화한 것이다. 블레이크는 마지막 진술에서 "나는 클라이

언트나 소비자가 아니라 시민이다!"라는 말을 남긴다. 블레어가 대처처럼 장기 집권(1997~2007)을 한 이후에도 노동당은 3년을 더 집권한다.

이제는 보수당이 위기의식을 느끼게 된다. 그래서 보수당이 내세운 당수가 43세의 데이비드 캐머런이다. 그는 제3의 길에 대비되는 '큰 사회론(big society)'을 내세웠다. 이것은 지역사회가 시민들의 안정적인 삶을 보장해야 한다는 주장을 담고 있다. '마을 만들기'는 큰 사회론의 일환이다. 얼핏 보기에 큰 사회론은 진보적인 것처럼 보이지만, 실상은 국가에게 책임을 묻거나 시장을 비판하지 말고 모든 문제를 마을이 떠안으라는 것이다. 이는 마을 사람들 스스로 자신과 이웃을 책임지라는 주장을 세련되게 포장한 것이다.

우화의 의미

우화의 불내여는 영국의 수상 토니 블레어를, 카멜레온은 영국의 수상 데이비드 캐머런을 비유한 것이다. 신자유주의 사회에서 살기 힘들어지자 동물들은 새로운 정치 지도자인 불내여와 카멜레온을 선택하지만 삶은 여전히 나아지지 않는다. 그 결과 생긴 사건이 브레이크 사건이다. 여기에서 브레이크 사건은 영화 〈나, 다니엘 블레이크〉에 나오는 상황을 의미한다. 카멜레온의 "내가 존경하는 동물은 호랑이와 사자"라는 말은 카멜레온의 정치적 지향을 함축한 표현이다. 즉 캐머런의 입장은 대처와 유사하고, 이는 향후 미국의 트럼프에게 계승된다. 카멜레온 대신 캐머런을, 호랑이와 사자 대신 대처와 트럼프를 넣어 읽으면 쉽게 이해할 수 있다. 카멜레온은 마을에서 이웃 간에 서로 도울 것을 강조하지만, 그의 그림자에 투영된 호랑이와 사자는 이웃에 대한 차별과 혐오의 시대가 임박했음을 암시한다.

15장 설상가상

역사적 사건

"2020년에 코로나19 바이러스가 전 세계를 강타했다. 공식
명칭인 코로나바이러스감염증-19(코로나19)는 중국
우한에서 2019년 처음 발견된 이후 한국에서는 해외 확진자
유입으로 2020년 1월 20일 첫 확진자가 발생했고, 2023년
2월 기준 국내 코로나19 발생현황은 인구 10만명당 발생률

31.22명(누적 확진자 30,279,381명, 일 확진자 16,120명),
사망률은 0.02명이다."
― 이나애 외,「코로나19 핵심 지표 산출체계 국제 비교 및
활용도 제고 방안 연구」

　코로나19 바이러스는 사람과 동물이 모두 감염되는 인수
공통 감염병으로, 박쥐에게서 중간숙주인 포유류 천산갑을
거쳐 사람에게 감염되는 것으로 추정하고 있다. 사실 박쥐는
사스, 에볼라, 메르스 등의 바이러스를 낙타나 사향고양이
등의 중간숙주를 거쳐 인간에게 옮긴 전적이 있다. 그렇다면
왜 박쥐는 바이러스의 진원지가 되었을까? 박쥐는 몸에 들
어온 바이러스를 죽이지 않고 공생하는 독특한 면역체계를
가지고 있다. 그래서 박쥐의 몸에는 100여 종의 바이러스가
존재하고 있고, 박쥐를 '바이러스의 저장고'라고 부른다. 예
전에는 박쥐는 박쥐대로, 인간은 인간대로 삶의 영역이 서로
다르기 때문에 문제가 되지 않았다. 그러나 인간이 자연을
무차별적으로 개발하고 동물들을 함부로 잡아먹기 시작하
면서 인수공통 감염병이 동물에게서 인간에게로 퍼지게 된
것이다.

우화의 의미

우화에서는 박쥐의 바이러스 전파 행위를 신의 전령사로서 동물들에게 메시지를 전달하는 것으로 묘사했다. 신은 무분별한 개발을 일삼는 동물들에게 경고하기 위해 박쥐를 보냈고, 박쥐는 바이러스를 통해 이를 이행하였다. 하지만 바이러스가 가난하고 약한 이들에게 더 큰 피해를 주고 있다는 점에 주목해야 한다. 재난불평등은 재난이 약자에게는 치명적인 위험이 되는 반면, 강자에게는 오히려 투자의 기회가 되는 것을 의미한다.

닫는 장: 희극이 되지 않으려면

역사적 사건

우화의 마지막을 다음 구절에 담긴 메시지로 마무리하고자 했다.

> "헤겔은 어느 부분에선가 세계사에서 막대한 중요성을 지닌 모든 사건과 인물들은 되풀이된다고 지적하였다. 그러나 그는 다음과 같은 사실을 첨가하는 것을 잊었다. 즉 첫번째는

비극으로, 두번째는 소극(笑劇)으로 끝난다는 사실이다."
　　─마르크스, 「루이 보나빠르뜨의 브뤼메르 18일」, p.146

　마르크스는 두 개의 역사적 사건을 염두에 두고 이 구절을 썼다. 나폴레옹이 제1 공화정을 무너뜨리고 황제에 오른 첫 번째 사건이 비극이라면, 그의 사촌 루이 보나파르트가 제2 공화정을 쿠테타로 집권한 두 번째 사건은 희극이다. 마르크스는 비극을 제대로 평가하지 않으면 또 다른 비극이 반복되고, 그런 점에서 두 번째 비극은 우스꽝스러워서 희극이라고 하였다. 앞서 소개한 E. H. 카는 역사가 현재와의 대화를 통해 미래로 나아간다고 말했다. 즉 역사는 비판을 통해 비로소 완성되는 것이다.

우화의 의미
우화는 로즈가 역사 여행에서 비판의 중요성을 이야기하며 마무리된다.

　　"역사는 단순한 사실도, 교양도, 옛날 이야기도 아닌 비판을
　　담은 이야기였어요. 우리가 살고 있는 세상을 비판적으로

묻는 이야기!"(p.191)

역사를 잊은 민족은 미래가 없다. 단재 신채호의 말이다. 역사에서 교훈을 찾아 미래를 설계하라는 뜻이다. 이 책의 여는 장에서 역사를 이야기로 표현했다. 여기서 이야기는 비판적 대화와 성찰을 담은 이야기를 말한다. 즉 역사를 비판적으로 되새기고 새로운 역사를 만들려는 노력을 할 때 두려움을 극복하고 희망을 만들 수 있다.

5. 함께 읽을 책

이 책의 기본 도서는 필자가 쓴 『사회복지발달사: 불평등의 괴물에 어떻게 맞설 것인가』(한국방송통신대학교출판문화원, 2019)이다. 따라서 좀 더 자세한 설명을 원한다면 『사회복지발달사』를 읽어 보기를 권한다. 본 우화집의 1장에서 7장까지는 필자가 쓴 『이기적인 착한 사람의 탄생』(학교도서관저널, 2018)에 기반한다. 자본가를 애덤 스미스의 통찰에 기대어 '이기적인 착한 사람'으로 묘사한 『이기적인 착한 사람의 탄생』은 소설, 영화, 그림을 통해 자본주의의 등장을 설명하고 있다.

자본주의의 발달이나 본질을 이해하기 위해서는 휴버먼이 쓴 두 권의 책을 추천한다. 교과서 격인 『자본주의 역사 바로 알기』(책벌레, 2000)가 자본주의 역사를 통시적으로 서술했다면, 『휴버먼의 자본론』(어바웃어북, 2011)은 자본주의에 대해 분석한 대중서이다.

인간의 권리에 관한 책으로는『이상이 일상이 되도록 상상하라: 민달팽이의 인권 분투기』(유범상, 마북, 2023)를 추천한다.『이상이 일상이 되도록 상상하라』는 자유권의 관점을 전제하면서 사회권의 눈으로 인권의 역사와 의미를 분석하고 있다.『복지국가를 만든 사람들』(이창곤, 인간과복지, 2014)은 복지국가 등장에 기여한 인물들을 소개하는 대중서이다.

이념에 대해 좀 더 알고 싶다면, 마르크스의『공산당 선언』(도서출판 b, 2018), 하이에크의『노예의 길』(자유기업원, 2018), 그리고 사회민주주의 입장을 담은 페이비언 소사이어티의『페이비언 사회주의』(조지 버나드 쇼 외, 아카넷, 2006), 비어트리스 웹의『나의 도제시절』(한길사, 2008)을 읽어 볼 것을 권한다.

오늘날 세계의 변화와 관련해서는 세계 석학들이 모여 함께 저술한『거대한 후퇴』(지그문트 바우만 외, 살림, 2017)를 추천한다. 이 책은 신자유주의 세계화 이후 민주주의가 어떻게 후퇴하고 있는지를 분석하고 있다.

6. 이 책의 독자이자 토론하는 벗에게

이 책은 정치우화이다. 정치는 자신의 가치를 실현하기 위해 분배를 둘러싸고 벌이는 권력의 이야기이다. 우화는 어렵고 복잡한 내용을 아주 쉽고 간명하게 표현할 수 있는 장르이다. 1945년 출간된 조지 오웰의 『동물농장』은 대표적인 정치우화이다. 동물농장에서 벌어지는 동물들의 이야기는 소련의 정치, 즉 스탈린 독재를 비판하고 있다.

이 책은 정치우화의 형식을 빌려 자본주의가 어떻게 탄생하고 오늘에 이르기까지 어떻게 변모해 왔는지를 시민의 권리에 초점을 맞추어 이해하기 쉽도록 풀어내고 있다. 자본 증식을 추구하는 자본가, 노동의 합당한 대가와 시민으로서의 정당한 권리를 얻으려는 시민, 그리고 이 둘 사이를 조정하는 정치가가 등장하여 흥미진진한 이야기를 펼친다.

필자는 정치학과 사회정책을 전공한 사회과학자이다. 동화 작가도 아닌 필자가 왜 우화를 썼을까? 우리가 사는 세상은 자본주의 사회이므로, 자본주의의 원리에서 자유로운 사람은 거의 없다. 그런데 우리는 놀라울 만큼 자본주의에 대해 제대로 알지 못한다. 어떻게 발생했고, 어떻게 전개되어 왔으며, 우리에게 어떤 영향력을 미치고 있는지. 사회과학자로서 우리가 사는 세상을 쉽게 본질적으로 설명하려는 과정에서 필자는 우화가 가장 좋은 형식이라는 것을 깨달았다. 그래서 '정치+우화'를 구상하게 되었다. 필자는 이 책이 누구나 쉽게 자본주의를 이해하는 매개가 될 수 있기를 기대한다. 그리고 현 자본주의를 그대로 두고 이에 적응해야 하는지, 좀 더 인간다운 모습으로 수정해야 하는지, 아니면 다른 세상을 꿈꿔야 하는지, 더 나아가 자본주의를 수정하거나 다른 세상을 꿈꾼다면 어떻게 해야 하는지를 토론하는 길잡이가 되었으면 한다.

이 책은 구조가 조금 색다르기 때문에 읽는 방법도 일반적인 책과는 다르다. 여는 장과 닫는 장 이외에 총 15편의 우화와 이에 대한 해설을 담고 있는 이 책은 다음 세 가지 방법으로 읽을 수 있다. 첫째, 우화에서 해설로 책의 순서대로 읽는 방법이다. 둘째, 해설을 먼저 읽고 우화를 읽는 방법이 있다. 셋째, 각 장별로 우화와 해설을 이어서 읽는 방법도 있다.

이 책은 초등학생부터 성인에 이르기까지 누구나 읽을 수 있도록 구성되었다. 정치우화를 읽고 뒤의 해설을 참조하여 아이들과 역사 이야기를 함께 나누어 볼 것을 권하고 싶다. 특히 중·고등학생도 역사 공부를 하는 데 도움이 될 것으로 기대한다. 필자는 타자를 부러워하지 않는 세상, 타자 앞에서 부끄러워하지 않고 자신의 고유성과 개성을 차이로 편안히 드러낼 수 있는 세상을 꿈꾸는 시민들이 이 책의 독자가 되기를 희망한다. 이 책을 매개로 해서 배고프지 않은 소크라테스의 세상이 어떻게 가능할지를 함께 토론해 보았으면 한다.

이 책은 한국방송통신대학교의 2017년 1학기 교과목인 '사회복지발달사'를 준비하면서 시작되었다. '역사를 쉽고 재미있게 풀어낼 방법이 없을까?' 하는 고민에 학교를 오가는 지하철 안에서 동물들이 등장하는 애니메이션 대본을 썼다. 수업 도입 영상으로 쓰인 우화는 김정규 선생님의 노력으로 한 권의 책이 되었다(『이매진 빌리지에서 생긴 일』, 지식의날개, 2019). 이 경험을 바탕으로 『정의를 찾는 소녀』(마북, 2020)를 출간했다. 그러면서 역사, 정의, 인권, 노동, 민주주의, 대화를 주제로 하는 총 6권의 시민을 위한 정치우화를 구상하게 되었다. 그리고 2023년 인권을 주제로 한 『이상이 일상이 되도록 상상하라: 민달팽이의 인권 분투기』를 출간하면서 『이매진 빌리지에서 생긴 일』을 개정할 필요성을 느끼고 새롭게 쓴 책이 이 책이다.

당시에는 역사, 정의, 인권의 순서가 자연스럽다고 보았는데 이 책의 전면 개정판을 내면서 정의, 인권, 역사의 순서가 더 바람직하다는 생각을 하게 되었다. 정의는 '시민들의 끊임없는 토론을 통해 정해지는 것'이다. 이런 주장을 담은 책이 『정의를 찾는 소녀』이다. 그럼 시민정치의 결과로 이룬 정의는 무엇인가? 인권이다. 인권은 시민권, 노동권, 생명권을 보장하는 방향으로 계속 변화하였다. 그것을 보여 주는 책이 『이상이 일상이 되도록 상상하라』이다. 그렇다면 인권의 정치사를 살펴보자. 이 작업을 하고 있는 책이 바로 『세상을 묻는 너에게』이다. 따라서 필자가 쓴 '생각하는 시민을 위한 정치우화' 시리즈를 읽는다면, 정의→인권→역사 순으로 읽으면 좋을 듯하다.

『이매진 빌리지에서 생긴 일』이 2019년에 출간되고 5년의 시간이 흘렀다. 2018년도에 3·4학년 편입생 과정으로 신설된 한국방송통신대학교 사회복지학과는 학부 정원도 늘어나고, 2024년에는 1·2학년 과정도 생겼다. 이제 한 해 5천여 명의 시민들이 입학하고 있다. 또한 졸업생들은 '사회복지연구소 방학동네(방송대 학습동료 네트워크)'에 모여 토론을 이어 가고 있다. 대학원 석사 과정도 만들어져 2024년에 5기 원우들이 입학을 했다. 당시 혼자였던 학과 교수도 6명으로 늘어났다. 이제는 학부생, 대학원생 그리고 학과 교수들과 함께하는 토론 광장이 수시로 열린다. 이 우화는 이들과의 대화를 빼고 상상할 수 없다.

시민사회에도 좋은 벗들이 수없이 많다. 사단법인 '시민교육과 사회정책을 위한 마중물'(이하 마중물)은 서점인 마샘, 출판사인 마북, 마중물 TV를 운영하는 마디 등으로 확장되었고, 다양한 학습동아리를 만들고 있다. 특히 마중물 지역지부를 통해 전국 곳곳에 시민들의 광장을 만들고 있다. 노인을 권리 주체로 보고, 그들의 권리를 위해 학습하고 실천하는 존재가 '선배시민'이다. 선배시민을 연구하는 학계와 현장의 모임인 선배시민학회, 노인 당사자 모임인 선배시민협회도 함께하는 시민조직이다. 이 책은 이들과 함께 만든 것이며, 마중물지기들의 시민교육 자료가 될 것이다. 이를 위해 헌신하고 있는 김상봉 처장과 김향미 국장, 그리고 현동환, 한연길, 이현주 활동가 등 마중물 사무처 동료들에게 감사를 전한다.

특별히 언급해야 할 팀이 있다. 김원겸, 이형석, 최현정 선생님이 중심이 되어 슬로리딩 교육을 진행하고 있다. 이들은 『정의를 찾는 소녀』와 『이상이 일상이 되도록 상상하라』 두 권의 책으로 슬로리딩 교재를 만들고, 교육 현장에서 사용하고 있다. 총 6권의 정치우화 시리즈가 완성되면 대안학교 교재로 사용할 예정이다.

이 책이 출간되면 총 6권의 우화 중 정의, 인권, 역사를 주제로 하는 세 권의 정치우화집이 1차로 완성된다. 이 세 권의 책과 함께 내 지혜의 샘인 한국방송통신대학교 구성원과 마중물 식구 등을 초대하여 파티를 하고 싶다.

이 책은 이제 마북 우화팀이라고 불려도 손색이 없을 분들에게 빚지고 있다. 세 권의 우화 모두 유기훈 작가의 그림을 통해 독자들에게 한층 가깝게 다가설 수 있었다. 혼을 담아 책을 만드는 김민하 마북 대표, 공미경 디자이너 그리고 이영은 편집자! 네 사람 덕분에 6권의 정치우화 시리즈를 내는

'도전'이 설레는 소풍길이 되고 있다.

　『이매진 빌리지에서 생긴 일』이 나왔을 때, 원고를 단숨에 읽고 평을 해 주었던 초등학교 6학년 조카 지후는 이제 고3이 된다. 이 책이 출간되면 들고 가리라. 이 책의 주인공은 아빠 밥과 딸 로즈이다. 대학생이 된 막내딸 석영과 철학 공부를 했는데, 밥과 로즈는 나와 석영의 모습일지도 모른다고 생각하면서 글을 썼다. 이제는 대학원 석사 논문을 쓰며 연구자로 자기 목소리를 찾아가고 있는 큰딸 영후와도 이 기쁨을 나누고 싶다.

참고 문헌

니코스 풀란차스, 『국가 권력 사회주의』 백의, 1994.

대니얼 디포, 『로빈슨 크루소』 열린책들, 2011.

리오 휴버먼, 『자본주의 역사 바로 알기』 책벌레, 2000.

리오 휴버먼, 『휴버먼의 자본론』 어바웃어북, 2011.

마이클 파렌티, 『비주류 역사』 녹두, 2003.

비어트리스 웹, 『나의 도제시절』 한길사, 2008.

유범상, 『이기적인 착한 사람의 탄생』 학교도서관저널, 2018.

유범상, 『사회복지발달사: 불평등의 괴물에 어떻게 맞설 것인가』
    한국방송통신대학교출판문화원, 2019.

유범상, 『이매진 빌리지에서 생긴 일』 지식의날개, 2019.

이나애 외, 「코로나19 핵심 지표 산출체계 국제 비교 및 활용도 제고 방안 연구」
    『주간 건강과 질병』 질병관리청, 16(29): 973-991, 2023.

장 자크 루소, 『인간 불평등 기원론』 책세상, 2021.

조지 버나드 쇼 외, 『페이비언 사회주의』 아카넷, 2006.

지그문트 바우만 외, 『거대한 후퇴』 살림, 2017.

카를 마르크스 외, 『공산당 선언』 도서출판 b, 2018.

카를 마르크스, 『프랑스 혁명사 3부작』 소나무, 1990.

카를로 콜로디, 『피노키오』 더클래식, 2020.

커스틴 셀라스, 『인권, 그 위선의 역사』 은행나무, 2003.

토마스 모어, 『유토피아』 열린책들, 2012.

토미 더글러스, 『마우스랜드』 책보세, 2011.

토미 더글러스, 『이것이 선거다』 루아크, 2017.

파울로 프레이리, 『페다고지』 그린비, 2018.

프리드리히 A. 하이에크, 『노예의 길』 자유기업원, 2018.

E. H. 카, 『역사란 무엇인가』 까치, 2015.

참고 문헌

이 책과 함께하는 사람들

마중물
마중물은 '시민교육과 사회정책을 위한 마중물'을 줄여 부르는 말이다. 시민들이
자기 목소리를 갖도록 돕고, 시민 중심 정책을 제안하기 위해
2009년에 출범했다. 시민들과 '마중물 세미나'를 하고, 시민교육 전문가와
정책 전문가를 지속적으로 키우고 있다. 노인이 주체적인 시민이 되는
'선배시민론'을 만들고, 인권, 노동, 지방정치, 사회복지 분야에서 다양한 정책을
제안하고 있다. www.waterforchange.co.kr

마샘
마샘은 '마중물 문화광장 샘'의 줄임말이다. 마중물이 만든 샘, 마르지 않는 샘,
마중물 선생님이라는 의미를 담고 있다. 서점, 세미나실, 강의실, 카페 등으로
구성되어 있으며, 시민들이 나와 동료 그리고 공동체를 만날 수 있는 광장이
되고자 한다.

마디
마디는 '마중물 미디어센터'의 줄임말이다. 사단법인 마중물의
시민교육 및 사회정책 관련 콘텐츠를 시민들과 공유하기 위해 만들었다.
유튜브의 '마중물TV'(www.youtube.com/@TV-dc7ui)를 운영한다.

마북

마북은 마중물BOOK세상, 마법 같은 책세상, 새로운 세상을 마중하는
책공방 등을 뜻한다. 생각하는 시민들이 함께 사회를 바꾸는 데 필요한 책을
만들고자 한다. www.mabook.co.kr

세상을 묻는 너에게

두더지 부녀의 자본주의 역사 이야기

초판 1쇄 발행 2024년 3월 1일
지은이 유범상 **그린이** 유기훈 **펴낸이** 김민하
펴낸곳 (주)마북 **등록** 제353-2019-000023호(2019년 10월 24일)
인천시 남동구 장아산로 174번길 15, 3층
전화 070-8744-6203 팩스 032-232-6640 이메일 mabook365@gmail.com
www.mabook.co.kr, blog.naver.com/mabook365, facebook.com/mabook365

편집 이영은 **디자인** 공미경 **인쇄** 한영문화사 **제책** 대원바인더리

ISBN 979-11-981387-3-6 04300 979-11-981387-1-2(세트)